온택트 시대
비대면 말하기 수업

온택트 시대
비대면 말하기 수업

초판 1쇄 인쇄 2021년 04월 30일
1쇄 발행 2021년 05월 10일

지은이 **강은하**

펴낸이 **우세웅**
책임편집 **김은지**
기획편집 **장보연**
콘텐츠기획·홍보 **박서영**
북디자인 **박정호**

종이 **앤페이퍼**
인쇄 **㈜다온피앤피**

펴낸곳 **슬로디미디어그룹**
신고번호 **제25100-2017-000035호**
신고년월일 **2017년 6월 13일**
주소 **서울특별시 마포구 월드컵북로 400, 상암동 서울산업진흥원(문화콘텐츠센터)5층 20호**

전화 **02)493-7780**
팩스 **0303)3442-7780**
전자우편 **slody925@gmail.com(원고투고·사업제휴)**
홈페이지 **slodymedia.modoo.at**
블로그 **slodymedia.xyz**
페이스북,인스타그램 **slodymedia**

ISBN 979-11-88977-81-9 (03190)

※이 도서의 국립중앙도서관 출판예정도서목록(CIP)은 서지정보유통지원시스템 홈페이지(http://seoji.nl.go.kr)와 국가자료공동목록시스템(http://www.nl.go.kr/kolisnet)에서 이용하실 수 있습니다.

▼ 온라인 환경에서 말하기가 어려운 당신을 위한

온택트 시대 비대면 말하기 수업

강은하 지음

슬로디미디어

프롤로그

2020년의 키워드는 '코로나19' 다음으로 '언택트'가 아니었을까. 그만큼 우리는 사람과 연결되어 있지 않으면서도 연결되어 있고, 마주하지 않으면서도 마주하는 시대에 살게 되었다. 비대면 커뮤니케이션이 일상의 많은 부분을 차지하고, 그 비중이 점차 늘어나는 시대이다.

스마트폰이 처음 출시되었을 때를 떠올려 보자. 대부분 사용 설명서를 꼼꼼히 읽으며 사용법을 숙지하기보다 몇 개의 버튼을 눌러 보고, 실수도 하며 빠르게 기본적인 사용법을 익혔을 것이다. 실버 세대는 지역 문화 센터에서 '스마트폰 사용법' 같은 수업을 들어 사용법을 익히기도 한다. 스마트폰이 나오기 전, 잠깐의 과도기에는 시티폰이 있었다. 사람들은 시티폰을 송수신하기 위해서 공중전화 부스 가까이에서 통화하고는 했다. 그러나 시티폰은 금세 자취를 감추어 버렸고, 우리는 진화한 스마트폰을 아주 편리하게 사용하고 있다. 너무도 빠르게 비대면 시대로 환승한 것이다.

환승 터미널에서 여전히 몇 번 버스를 갈아타야 할지 몰라 머뭇

거리는 이가 있는가 하면, 바로 목적지로 갈 버스를 타고 유유히 떠나는 이도 있다. 이 책을 집어 든 당신은 아마도 비대면 시대 속에서 조금은 머뭇거리는 사람일 것이다. 그리고 나는 이 책이 그 머뭇거림을 조금은 해결해 줄 수 있는 네비게이션이 되길 바란다. 비대면 시대는 형식과 수단만큼이나 소통 방식도 다양하다. 그 필요성과 중요성을 모두 느낀 당신에게 비대면 커뮤니케이션의 참고서가 될 수 있도록 다음과 같이 크게 2장으로 구성했다.

PART 1은 비대면 환경의 변화와 그에 따른 비대면 커뮤니케이션 기술 발달의 필요성에 대해, PART 2는 'DETAIL'이라는 키워드의 앞 글자를 따서 온라인 형식의 강의와 회의, 프레젠테이션, 면접 등 다양한 소통 상황을 제시해 비대면 커뮤니케이션에 필요한 요소를 정리했다. 그리고 '소통 유형별 점검표'와 '비대면 커뮤니케이션 체크리스트'를 실어, 각자의 상황에 맞춰 유용하게 사용할 수 있도록 했다. 과연 여러분이 이 책의 어느 페이지부터 펼쳐 보게 될지 궁금하다.

여전히 비대면 커뮤니케이션이 어색하다면, 구체적으로 어떤 지점에서 어색함을 느끼는지 지금부터 살펴보자. 사실 못해서가 아니라 제대로 써 보지 않아서일 것 같다. 이 책을 집필하기 위한 인터뷰 모두 비대면 방식으로 진행했다. 구체적으로는 비대면 소통 상황을 자주 겪는 다양한 직무와 직군에서 일하는 이들에게 온라인 구글 폼으로 작성한 설문 링크와 메신저, 전화 인터뷰, 줌(ZOOM) 화상 인터뷰로 사례를 수집하고 정리하였다. 사실 두 해 전 《"안녕하세요"도 못했던 내가 말로 인정받기 시작했다》라는 책을 공저로 펴낼 때만 해도 공저자들과 비대면으로 소통하는 순간은 손에 꼽을 정도였다. 직접 만나서 회의를 하고 결정했던 순간이 훨씬 많다. 이 책의 주제가 '비대면 커뮤니케이션'이라서 비대면 방식으로 자료를 모으고 인터뷰한 건 아니다. 집필하는 동안 사회적 거리두기 단계가 자꾸 격상되다 보니 방역 수칙을 준수하느라 선택한 방식이었다. 지나고 보니, 불과 두 해 밖에 차이 나지 않는데도 책이 세상에 나오기까지 너무 다른 과정을 거쳤다. 그야말로 비대면 시대를 온몸으로 겪어 내고 있는 것 같다.

이 책에 담은 비대면 커뮤니케이션 역량 향상을 위한 노하우는 비대면 사회에서 우리가 갖춰야 할 사항 중 일부일 뿐이다. 다양한 논의가 계속되고 더 많은 연구가 이루어져야 할 것이다. 이 책이 매끄러운 비대면 소통을 위한 또 하나의 수단이 되길 바란다.

강은하

20년 차 방송인이 전하는 비대면 커뮤니케이션 7문 7답

저자 영상 인터뷰

1 코로나19로 인한 가장 큰 변화 중 하나가 비대면으로 이루어지는 업무나 수업 등이 일상화되었다는 것입니다. 이 책은 비대면에 적응하지 못한 사람들을 위한 말하기와 듣기 노하우가 담겨 있는데요. 이러한 책을 쓰시게 된 계기가 궁금합니다.

코로나19 이후 다양한 비대면 소통 상황을 두루 겪었습니다. 온라인 실시간 강의, 온라인 생중계 행사 진행, 기관의 온라인 프레젠테이션 발표 평가, 비대면·온라인 회의 등에서 저는 화자가 되기도 하고, 사회자가 되기도 하고, 때로는 청중과 패널이 되기도 했습니다. 그러면서 예상치 못한 상황과 결과를 마주하며 가장 먼저 저의 부족함을 뼈저리게 느꼈습니다. 사실 방송도 오래했고, 강의도 꾸준히 해 왔기에 말하기와 듣기에 어느 정도 자신이 있었거든요. 그런데 코로나19 이후, 단지 소통의 방법이 바뀌었을 뿐인데 얼굴을 마주할 때와는 다른 새로운 준비가 필요하다는 걸 깨달았습니다. 이 문제에 대해, 전공이 커뮤니케이션이다보니 비대면 소통과 관련한 논문을 먼저 찾아보았는데요. 여전히 진행 중인 코로나19 시국이라 관련 논문은 한정적이었고, 논문의 내용도 대부분 '모두가 힘들어 한다.'라는 결과만 있을 뿐이었습니다. 그래서 비대면 커뮤니케이션에 대한 정확한 가이드가 필요하다는 생각이 들어 이 책을 집필했습니다. 이 책에는 제가 겪은 이야기뿐만 아니라, 여러 기관과 기업, 개인의 비대면 소통에 대한 성공담과 실패담이 들어 있습니다. 말하자면, 부족함의 연대에서 발견한 방법론입니다. '나만, 우리 회사만, 우리 학교만 힘들었던 것이 아니었구나.' 하고 공감할 것이라 생각합니다. 이 책에 소개한 방법들이 정답은 될 수 없지만, 독자 여러분이 고민하는 부분 중 하나의 해결책이 되었으면 하는 바람입니다.

2 행정, 복지, 교육 등 사회 전반적으로 비대면이 일상화되었는데요. 이로 인한 장점과 단점은 무엇일까요?

네. 말씀대로 비대면이 '일상화' 되었습니다. 조금 더 정확하게 말하면, 일상화에 가속도가 붙었습니다. '빨리 온 미래'를 겪다 보니 준비도 부족하고, 적응도 잘 되지 않는 게 현실입니다. 그리고 이 변화의 파도에서 자유롭게 서핑하는 사람이 있는가 하면, 여전히 허우적거리는 사람도 있지요.

비대면 커뮤니케이션의 장점은 무엇보다 '시간과 공간의 절약'을 꼽을 수 있습니다. 지역마다 계열사나 지점이 있는 기업의 경우, 직접 출장을 가서 회의하던 업무 패턴이 온라인 회의로 대체되었고, 먼 거리를 통학하던 대학생들은 온라인 수업으로 이동 시간을 줄이게 되었지요. 실제로 이 책에 사례를 제공해 주신 많은 분이 불필요한 시간을 없앨 수 있다는 점을 장점으로 꼽아 주셨습니다.

단점은 아직도 비대면 소통이 원활하지 않고 낯설다는 점입니다. 비대면 소통을 위해 또 다른 비대면 수단인 카카오톡 애플리케이션을 사용해야 한다거나, 온라인 화상 회의 후 다시 전화 통화를 해 내용을 재확인하고, 최소한의 인원이 모여 2차 회의를 해야 하지요. 특히 나이가 지긋한 어르신들은 비대면이 낯설뿐더러, 비대면 소통을 가능하게 하는 기술이 디지털이다 보니 벌어지는 현상입니다.

사실 일상이 바뀔 정도의 큰 변화에는 반드시 적응 기간이 필요합니다. 우리는 가속도가 붙어 버린 '비대면 일상화'로 일 년을 달렸습니다. 이제는 엔진이 과열되지는 않았는지, 내 운전 습관은 괜찮은지, 함께 탄 사람들이 이 속도를 힘들어하지 않는지 점검해야 할 시기입니다. 이 책을 통해 원활한 비대면 소통을 위해 필요한 것들을 점검해 보셨으면 합니다.

3 기존에 출간된 비대면 관련 책들과 이 책의 차별점이 있다면 말씀해 주세요.

이 책은 같은 주제를 다룬 다른 책과 달리, 실제 사례를 실어 독자 분들이 유용하게 사용할 수 있도록 설계했습니다. 교육과 복지, 행정 등 다양한 분야의 사례를 싣고, 꼼꼼한 자료 조사와 공신력 있는 설문 조사를 바탕으로 했습니다. 또한 실제 비대면 소통 현장에서 어떤 점이 가장 힘든지, 가장 시급하게 배워야 할 것이 무엇인지를 조사한 뒤, 그 물음표를 느낌표로 바꾸기 위해 노력했습니다. 더불어, 제가 운영하는 '새봄 커뮤니케이션'에서 연간 프로젝트와 기업과 기관의 스피치 코칭을 위해 개발한 '스피치 진단 분석 사례'를 담았습니다. 비대면 소통 상황에서 가장 많이 보이는 유형 위주로 엄선해서 집필했으므로, 독자들에게 실질적인 도움이 되리라 생각합니다.

4 비대면 커뮤니케이션에서 사람들이 가장 어려워하는 점과 흔히 하는 실수가 있다면 무엇이 있을까요?

사람마다 상황마다 조금씩은 다르지만, 가장 눈에 띄는 부분이 두 가지 있습니다. 첫 번째는 말하는 이의 '말이 빨라지는 것'입니다. 대면 상황보다 비대면 상황일 때 많은 분들의 말 속도가 빨라지는 걸 봅니다. 자세히 말씀드리면, '점점 빨라진다'로 표현할 수 있겠네요. 실시간 스트리밍이나 청중 또는 온라인 참석자의 반응을 볼 수 있는 경우에는 덜하지만, 일방적인 말하기 방식으로 진행해야 하는 온라인 강의나 온라인 연설, 온라인 발표에서는 말의 속도가 빨라져 후회하는 분이 많습니다. 두 번째는 말하는 이가 화면과 카메라를 보며 말하기를 쑥스러워하는 것입니다. 기기 앞에서 혼자 말하는 것인데도 긴장되고 떠는 자신의 모습에 놀라시더라고요. 혼잣말을 대화하듯이 해야 하다 보니, 시선이 불안정해지고 목소리가 떨리는 현상이 화면에 고스란히 노출되지요. 이러한 문제로 아예 카메라를 끄고 진행하는 것으로 바꾸는 분도 종종 보았습니다.

그러나 카메라를 보는 연습을 해야 한다는 것을 잊지 마세요. 방송인도 적절히 시선을 맞추고, 그때그때 해야 할 말을 하며 카메라와 호흡을 맞추려 노력합니다. 최근 음성 플랫폼인 클럽하우스가 인기를 끄는 것만 보아도, 비대면 상황에서 가장 부담되는 게 카메라 보기가 아닌가 싶습니다.

사실 비대면으로 접속한 사람 모두가 접속에 사용하는 기기와 플랫폼이 다르고 네트워크 환경에도 차이가 납니다. 진행 방식에도 고려해야 할 요소가 많아졌지요. 하지만 가장 중요한 것은 '소통을 이어가는 것'입니다. 불필요한 것부터 소거하는 방식으로 적응해 보세요. 본문에 '비대면 소통을 위한 노하우'를 실었으니, 꼭 배워서 적용해 보셨으면 합니다.

5 여전히 비대면에 익숙하지 않은 사람이 많은데요. 지금 이 시기에 비대면 커뮤니케이션 능력을 키워야만 하는 이유가 있다면 무엇일까요?

비대면 커뮤니케이션은 이미 일상 속에 깊숙하게 들어와 있고, 그 장점에 익숙해지는 상황입니다. 지금은 보조 수단일 수 있지만, 앞으로는 우선 수단일 수 있지요. 저는 펜팔을 하는 사춘기 시절을 보냈습니다. 고등학생 때는 무선 호출기 '삐삐'를, 대학생 때는 핸드폰을 사용했지요. 그리고 2G, 3G를 거쳐 지금은 정말 눈 깜짝 하는 사이에 영화 한 편을 다운로드 하는 5G 시대를 살고 있습니다. 어느 시대에나 비대면 소통 방식은 존재했습니다. 코로나19 직전에도 전화와 메일을 수시로 주고받으며 소통했으니까요. 언제나 기술의 발달이 먼저였고, 우리는 그 기술을 자연스럽게 받아들였습니다. 하지만 지금은 코로나19 팬데믹을 겪으며 새로운 비대면 소통 방식을 선택의 여지 없이 받아들여야 하는 상황에 놓였습니다. 이제 비대면 커뮤니케이션은 생존을 위한 필수 전제 조건이 된 것이죠. 누구도 소통하지 않고 혼자 살아갈 수는 없으니까요. 앞으로 정부와 지자체의 다양한 지원과 조금 더 쉬운 기술 개발이 우선되어야 한다고 생각합니다. 다만, 이용자들은 비대면 소통도 대면 소통과 다를 바 없다는 생각으로 출발점에 서 주시면 좋겠습니다. 원활한 소통이 100미터 달리기라면, 이제 출발선을 지나 50미터쯤 달리고 있습니다. 앞으로 어떻게 즐기며 건강하게 완주할지 함께 고민하고 선택해야 합니다.

6 업무나 수업뿐만 아니라 취업을 위한 면접마저 비대면으로 이루어지고 있는데요. 익숙하지 않은 환경에서의 면접이 더 떨릴 취업 준비생을 위한 팁을 부탁드립니다.

꼭 한 가지 당부하고 싶습니다. 연습하세요. 비대면 면접을 제대로 준비하는 취업 준비생이 많지 않습니다. 현재 취업을 준비하는 사람은 이미 온라인 수업 등으로 비대면 소통이 익숙한 세대여서인지 가끔 비대면 면접을 만만하게 생각하는 사람도 있는데요. 저는 대학교에서 면접을 위한 커뮤니케이션을 주제로 강의하는 사람입니다. 해마다 느끼는 점은 '조리 있게 말하는 학생의 비율이 줄어든다는 것'입니다. 교수와 강사를 만나도 모두 입을 모아 하는 이야기이기도 합니다. 유튜브나 인터넷 강의 등 너무 많은 온라인 화면을 접하며 공부하다 보니, 듣기 능력은 발달하는데 말하는 기회는 줄어들어서이지 않을까 합니다. 실제로 모의 면접을 보거나 취업 캠프에서 "제가 연습이 부족했네요, 생각보다 잘 안 되네요, 준비한 것을 잘 말하지 못했습니다."라고 말하는 취업 준비생을 정말 많이 봅니다.

저는 이들에게 늘 '다양한 환경에서 여러 번 연습하라'는 조언을 합니다. 어떻게 연습하는지 그 방법이 중요하겠지요? 구체적으로는 반드시 면접 당일에 사용할 온라인 기기와 툴을 다루는 연습을 하세요. 줌과 구글밋을 많이 사용하는데, 원리는 같아도 막상 사용해 보면 발표 자료를 공유하는 부분이 조금씩 다르거든요. 다양한 툴로 연습해 두면 전문적으로 보이겠지요. 그리고 생각보다 많은 분이 카메라를 보며 말하는 걸 어려워합니다. 말을 하면서 동시에 면접관의 반응을 살펴야 하기 때문입니다. 이것도 연습하면 됩니다! 서너 명이 접속한 환경에서 말해 보는 것을 추천합니다. 그리고 화면과 노트북 앞에서 말하는 자신의 모습을 모두 녹화하세요. 두 가지를 녹화해 비교해 보면 여러분이 불편해 하는 부분이 구체적으로 어느 지점인지를 파악할 수 있습니다.

7 앞으로 작가님의 활동 계획이 있다면 말씀해 주세요.

비대면 소통과 관련한 연구를 더 하고 싶고요. 올해는 기업에서 진행하는 비대면·온라인 교육도 예정되어 있고, 스피치 커뮤니케이션을 주제로 한 강의 콘텐츠도 열심히 제작하고 있습니다. 또, 정부기관과 디지털 문해력 소외 계층을 위한 콘텐츠 제작도 예정 중에 있습니다. 제가 연구한 자료들이 다양한 소통 상황에 튼튼한 징검다리가 되어드릴 수 있으면 좋겠습니다.

기회가 된다면, 독자 분들과도 비대면으로 뵙고 싶네요. 물론, 코로나19가 종식되어 대면할 수 있으면 더없이 기쁠 것입니다. 마스크를 벗고 편하게 얼굴을 마주할 수 있는 날까지 모두 건강하시고요. 이 책을 통해 비대면 커뮤니케이션과 조금 더 친해지시길 간절히 바랍니다. 감사합니다.

추천사

강은하 저자는 코로나 시대, 비대면 프레제테이션과 비대면 강의, 비대면 행사 등을 두루 체험한 말하기 분야 전문가입니다. 저자는 이 책《온택트 시대 비대면 말하기 수업》에 자신의 경험을 통해 알게 된 비대면 환경에서 고려해야 할 점, 개선해야 할 점, 부각해야 할 점 등을 수록했습니다. 저자의 연구와 고민의 산물이라고 할 수 있습니다. 급격한 변화의 시대를 맞아 비대면 방식으로 수업을 듣는 학생, 온라인 면접을 앞둔 취업 준비생, 온라인 회의에 익숙해져야 할 직장인들께 이 책을 추천합니다.

《대통령의 글쓰기》 저자 강원국

온택트적 일상은 교육 시스템에도 큰 변화를 불러일으켰습니다. 그리고 실시간 온라인 강의, 녹화 강의, 비대면과 대면이 혼합된 강의 등의 다양한 형태에 우리는 혼란스러울 수밖에 없었지요. 저자는 한국생산성본부를 통해 2008년부터 지금까지 기관과 기업, 대학에 출강하는 스피치 커뮤니케이션 전문 강사입니다. 이 책에는 그간 저자가 성공적인 비대면 소통 방법을 익히기 위한 다양한 자료 조사와 연구, 그리고 현장에서 시행착오를 겪으며 익힌 노하우와 더불어, 일반인도 쉽게 따라 할 수 있는 비대면 커뮤니케이션을 위한 훈련법이 담겨 있습니다. 온택트 시대의 변화한 커뮤니케이션을 익히기 위한 지침서가 필요한 분들께 이 책을 권합니다.

한국생산성본부 센터장 이승희

'발 없는 말이 천 리 간다'라는 옛 속담이 5G 세상을 만나 더욱 실감 나는 요즘입니다. 더구나 세계적인 팬데믹으로 모든 말의 발이 묶여 버린 지금은 '발 없는 말'이 우리의 천 리 길을 대신해 주었죠. 공기를 타고 달리던 말이 케이블을 타고 바다를 건너는 일상이 된 것은 낯설고도 매혹적입니다. 기존의 '발 있는 말'에 익숙하던 우리가 그 매혹적인 여행에 동참하기 위해 필요한 건 새로운 승마법입니다. 여기 노련한 기수이자 나만의 승마 선배인 강은하 저자가 온택트 시대의 필수 기술을 풀어놓았습니다. 비대면 커뮤니케이션의 세계에서 자유롭게 달리고 싶은 분들께 이 책을 권합니다.

방송인·동시통역사 안현모

목차

PART

1

비대면 커뮤니케이션 시대

ONTACT

비대면 말하기 수업

01

그때는 낯설었고 지금은 낯설지 않은

"내일 오후 2시에 온라인에서 뵙기로 하죠."

"네. 그렇게 하시죠. 제가 먼저 접속해서 준비하고 있겠습니다."

만약에 이 대화를 몇 년 전에 들었다면 어땠을까? 아마 만날 틈도 없이 무척 바쁜 사람들의 대화이겠거니 했을 것이다. 그 정도로 코로나19 전에는 온라인에서 만나 회의하는 것이 낯설고 드문 일이었다. 당연히 학생은 수업을 들으러 학교에 가고, 회사원은 회의실에서 모이고, 취업 준비생은 면접을 치르러 지원한 회사에 가고, 행사를 주최하는 사람은 행사장을 마련했다. 그러나 지금은 온라인으로 강의를 듣고, 온라인으로 회의하고, 무 관객 공연과 무 관중 경기를 치르는 게 자연스러워졌다. 한마디로 이러한 모든 현상이 그때는 낯설었고 지금은 낯설지 않다.

지난해 우리는 연결되어 있지 않으면서 연결되어야만 했고, 마주하지 못하면서 마주해야 하는 시간을 보냈다. 그리고 코로나19는 변수가 아닌 상수가 되어 사람과 사람 사이의 소통 방식을 빠르게 변화시켰다. '위드 코로나(with COVID-19)'로 불리는 시대, 인류의 생존이 걸린 이 초유의 사태 속에서 우리는 각자의 일터에서 어쩔 수 없이 대면보다 비대면이 익숙한 오늘을 살아가고 있는 것이다.

또한, 많은 나라가 팬데믹으로 인해 생산과 교육을 중단하고, 사회 활동을 줄이던 시기에 우리나라는 완전히 멈추지 않고, 촘촘하게 이어진 IT 기반의 산업 망을 이용해 다함께 변화의 물살을 건넜다. 우리나라는 전 세계에서 스마트폰을 사용하는 비율이 가장 높은 국가로, 2021년 내에 5G 스마트폰 사용자가 1,600만 명에 달할 것으로 예상한다. 국민의 대다수가 '포노 사피엔스(영국의 경제 주간지 이코노미스트에서 사용한 개념으로 핸드폰을 사용하는 인간이라는 뜻이다)'로 살고 있는 것이다. 그래서 대면과 비대면을 오가며 발생하는 문제를 높은 화상 회의 기술력과 정부 차원의 비대면 시스템 구축으로 해결하고 있으며, 특히 대면 보고나 출장 없이 공무원과 산하기관 직원들이 이용할 수 있는 '온-나라 PC 화상 회의' 시스템은 활발하게 이용되고 있다.

기술이 발전하려면 강력한 동기가 필요한데, 코로나19로 인한 팬데믹은 우리나라의 기술 발전에 강력한 동기 부여가 되었으며 기술의 부흥을 이끌었다. 물론, 기술의 발달은 해당 기술을 사용하는 사람들의 태도에 따라 흥망이 결정된다. 불필요한 기술은 도태되고, 필요한 기술은 살아남는다.

지난해, 다양한 직업군에서 비대면 커뮤니케이션이 활발하게 이루어졌다. 이제는 선택이 아닌 필수 조건이 되어 버린 비대면 시스템. 지금은 이를 효과적으로 사용하기 위해서 비대면 커뮤니케이션에 대한 준비와 연구가 필요한 시점이다. 단순히 좋은 기술을 사용하는 데에 그치지 않고, 좋은 기술을 사용하는 사람들의 방식과 태도도 고려할 때다. 고사양의 스마트폰을 사용하더라도 상황에 맞는 소통 방식과 에티켓을 갖추지 못하면 좋은 효과를 기대할 수 없다. 나는 실제로 비대면으로 전환되는 과정에서 매끄럽지 못한 과정과 결과를 종종 목격했다. 제 아무리 고사양의 스마트폰을 사용한다고 한들, 공공장소에서 지나치게 큰 소리로 통화하는 등의 기본 에티켓이 갖춰지지 않는다면 무슨 소용이란 말인가.

비즈니스 관계라면 비대면 커뮤니케이션 상황에서 지켜야 할 조건과 기준이 높다. 실제로 송신자와 수신자가 일대일이 아닌, 일대다이거나 다대다로 바뀔 경우에는 단순히 화면으로 얼굴을 마주하고 업무 이야기하는 걸로 그치지 않는다. 형식상 화면을 마주하고, 수신자와 송신자가 존재하는 점은 같지만 소통의 태도는 때에 따라 달라져야 한다. 게다가 비대면 소통은 대면 소통과는 분명히 다른 지점이 있다. 이를 알면서도 n 가지 상황과 n 가지 변수가 생기는 게 비대면 커뮤니케이션의 현주소이다.

언컨택트(uncontact)에 온라인(Online)을 더한 '온택트(ontact)'라는 신조어가 요즘의 비대면 소통 현상을 잘 말해 준다. 여기에 광고는 온(On)을 한자어인 '따뜻할 온(溫)'으로 바꾸어서 비대면 소통에 직접 만나고 마주했던 것과 같던 이미지를 덧씌우기까지 한다. 코로나19로 어쩔 수 없이 맞닥뜨린 비대면 시대를 버텨 내고, 카메라와 컴퓨터 화면 앞에서 '사람 사는 맛'을 더하기 위해 노력한다고 할까. 이러한 현상을 보면 어찌 되었든 비대면 상황이 대면 상황만큼 자연스럽거나 매끄럽지 못하다는 것을 방증하는 듯하다.

온라인에서의 나와 일

우리는 일상적으로 많은 이들과 소통한다. 사회적 거리두기로 사흘째 재택근무 중인 평범한 회사원 K 씨의 일상을 따라가 보자.

K 씨는 예전 같으면 출근을 위해 6시 10분에 -지하철을 한 번 갈아타야 한다- 기상했겠지만, 요즘은 8시에 일어난다. 재택근무의 최대 장점인 조금 늦은 기상 시간에 K 씨는 매우 만족하고 있다. K 씨는 기상 후 대충 씻고는 예의를 갖출 정도의 최소한의 화장을 한다. 마스크를 쓰고 출근할 때는 립 메이크업을 생략했는데, 지금은 화상 회의를 해야 하니 옅은 립스틱을 바르는 편이다. 그러고 잠시 주방으로 가 커피 한잔과 비스킷 한 조각으로 가볍게 아침 식사를 하고, 내일은 조금 일찍 일어나 토스트를 구워 보겠노라고 작은 결

심도 한다. 이제 8시 50분! 거실로 출근해야 한다. 출근용 옷차림은 블라우스와 밴딩 롱스커트 -긴 시간 편하기 위한 선택- 이다. 평상시에는 잠옷이나 홈웨어 차림이지만 오늘은 화상 회의가 있어 나름 '차려입었다'. 회사 온라인 시스템에 접속해 출근을 체크하면 이제 본격적인 업무 시작이다. 어제 공지된 온라인 화상 회의에 참석해 이런저런 업무를 조율하고, 배달 애플리케이션으로 점심식사를 주문해 둔다. 그리고 곧 다른 팀과 화상 회의를 한다. 이번 회의는 화면을 끄고 마이크만 켠 채 진행하는 회의라 조금 편하다. 회의가 끝난 후, 진행할 업무를 처리하고 나니 오전 일정이 숨가쁘게 지나갔다. 11시 50분쯤 때맞춰 도착한 배달 도시락으로 가볍게 점심을 먹는다. 노트북에 있는 웹캠이 불안해 렌즈에 포스트잇도 잊지 않고 붙여 두었다. 혼자 먹는 밥이 어색해 스마트폰을 켜고 유튜브를 튼다. 그간 보고 싶었던 뮤지컬을 보기도 하고, 그냥 소리 없이 음식을 만드는 영상을 틀어 두기도 한다. 커피를 다시 한잔 마시고 나니 1시다. 회사였다면 후다닥 양치질을 마쳤어야 했지만 지금은 그렇지 않다. 슬슬 배달 도시락을 정리하고, 여유롭게 양치질한다. 그리고 다음 화상 회의를 위해 립 메이크업을 고친다. 대면 회의도 아닌데 시간 맞춰 양치질하고 화장을 고치는 모습에 피식 웃음이 나온다.

이제 오후 업무 시작이다. 대여섯 건의 이메일에 회신하고, 팀 동료와 전화를 서너 통 하면서 업무를 공유하고, 자료를 만든다. 내일 이어질 온라인 회의를 위해 공유할 자료를 만들어 클라우드에 올리는 것도 잊지 않는다. 업무 공유 캘린더에 프로젝트 일정까지 표기하고 나면 끝이 보인다.

K 씨는 재택근무의 장단점을 뚜렷이 느낀다. 장점이라면, 예전에는 만원 지하철에서 버티기 위해 음악을 들었다면, 이제는 그 시간에 유튜브와 실시간 스트리밍 서비스를 통해 보고 싶던 공연과 강연을 보는 것이다. 또한 예전이라면 출퇴근 시간만으로도 파김치가 되었을 법한데, 지금은 약간의 여유를 누릴 수도 있게 되었다.

단점은 분명 퇴근한 시간임에도 불구하고, 회사 단체 메신저 방에서 늦은 시간까지 알림이 울린다는 것이다. 다음날 있을 온라인 회의 자료와 공유 자료도 따로 만들어야 한다. 재택근무인데도 반은 출근, 반은 퇴근한 상태로 하루를 보낸다. 즉, 대면과 비대면이 혼재된 시간들을 통과하며 몸은 편해졌는데 완전한 자유를 느끼지는 못한다.

온라인 개학 후 재택 수업을 듣는 자녀를 둔 가정은 어떨까. 코로19로 인해 가장 큰 변화를 맞이한 곳은 교육 분야이다. 등교가 중단되며 교사와 학생, 학부모 모두 온라인 수업을 위한 시행착오를 겪었다. 물론, 우려하던 것과 달리 학생들은 비교적 빠르게 온라인 수업에 적응해 나갔고, 교사는 수업의 질을 높이기 위해 다양한 교수법을 연구하고 개발했다. 실제로 교사는 온라인 수업을 위해 대면 수업 때보다 더 많은 시간을 할애했으며, 어떻게 해야 대면 수업만큼 좋은 효과를 거둘 수 있을지, 어떻게 공정하게 학생을 평가할 수 있을지를 고민했다. 눈앞에서 일일이 챙길 수 없는 학생들의 학습 동기를 끌어올리기 위해 꼬박 일년을 바쳤다. 그러나 결과적으로는 학생과 교사를 가리지 않고 비대면 시대에 적응한 사람과 그렇지 못한 사람으로 나뉘었다.

비대면을 뒷받침하는 기술

교육에 있어 비대면 커뮤니케이션은 거스를 수 없는 흐름이다. 2020년 1월, 코로나19 첫 환자가 보고된 이후 걷잡을 수 없이 확진자가 늘자 학교부터 긴급하게 비대면 수업으로 전환되었다. 초중고는 물론이고 대학교도 비대면 수업을 준비하지 못한 상황이었다. 2000년 초반부터 온라인 LMS(Learning Management System, 학습 관리 시스템)를 통해 일부 비대면 수업을 진행해 오던 C 국립대학교도 코로나19로 인해 부랴부랴 온라인 강의를 위한 서버를 증설하고 교수들에게 이를 위한 속성 교육을 할 정도였다.

이 대학교는 2008~2019년까지 12년간 활용하던 LMS 서버의 용량보다 2020년 4월 한 달간 비대면 수업에 사용한 서버의 용량이 5배 이상 많았다고 밝혔으며, 교수와 학생 모두 새로운 수업 방식에 적응하기 위한 시간이 있었음을 이야기했다. 실제로 이 대학의 경우 2020학년도 1학기 초반에는 온라인 수업에 대해 학생 만족도가 30%에 불과했던 것이, 2020학년도 2학기 말에는 60% 정도로 만족도가 올라갔다. 비대면 수업의 진행 양상이 빠르게 안정감을 찾아가는 걸로 보인다.

이렇게 '빨리 온 미래'로 인해 각 대학들은 앞다투어 서버를 증설하고 비대면 수업의 질을 높일 수 있는 시설을 확충했다. 또한 정부는 권역별로 '대학판 온라인 클래스'를 구축하기 위한 투자에 나섰다. 구체적으로는 원격 교육 자원을 개발·공유할 수 있도록 대학에 128억 원을 지원하고, 대학별로 20%로 제한되어 있던 원격 수업의 비율을 완화했다. 또한, 전국 초중고 교실에 25만 2천 개의 원격 교육 인프라를 확충하고, 기가 급 무선망을 구축하기로 했으며, 미래에 교사가 될 교육대학교와 사범대 학생의 원격 수업 역량을 높이기 위해 '미래 교육 센터'를 운영·확대하기로 했다. 이렇게 갖춘 비대면 교육 인프라는 코로나19 이후 '뉴 노멀'로 자리잡을 것이다.

우리는 어쩔 수 없이 코로나19 이후 비대면 커뮤니케이션 상황을 접했고, 사회는 비대면 커뮤니케이션 확대를 위한 인프라를 확충하고 있는 실정이다. 비대면 커뮤니케이션은 이제 과거로 돌아갈 수 없는 현재가 되었고, '빨리 온 미래'는 이제 과거가 되었다.

02

왜 화상 통화는 쉬운데 화상 회의는 어려울까?

"이번 행사는 아무래도 대면으로 진행하기가 어려울 것 같습니다."

"그러면 비대면으로 하시죠. SNS로 라이브 방송하듯이 한번 해보세요."

"음…. 그게 그렇게 간단하지가 않습니다. 단순하게 스마트폰으로 현장을 비추는 것과 현장을 중계하는 것은 차이가 있습니다. 특히 저희 부서는 경험이 없어 변수가 많을 것 같습니다."

"그냥 하면 되지, 뭘 그렇게 어려워해요? 다들 화상 통화할 줄 알잖아요?"

지난 해 봄, 행사 실무자였던 지인이 겪은 일이다. 코로나19로 대면 행사가 어렵다고 하자 부서장이 너무도 쉽게 비대면 행사로 진행하라고 했으니 얼마나 눈앞이 캄캄했을까.

사실 이때까지만 해도 비대면 행사를 진행할 수 있는 전문 인력이나 회사가 별로 없었다. 물론 패기 있게 말을 꺼낸 부서장의 말도 아예 틀리지는 않았다. 어렵다고 생각하면 어렵고, 쉽다고 생각하면 쉬운 게 비대면 행사이다. 누구나 스마트폰을 사용하고, 누구나 SNS로 라이브 방송을 할 수 있기 때문에 심리적 장벽이 낮기도 하다. 그러나 과연 부서장은 비대면 행사에 대한 세밀한 부분까지 그려 본 걸까? 대면 행사에서 하듯이, 현장에서 진행하는 식순을 단순히 온라인에서 '보여 주면' 된다고 생각했을 것 같다.

그리고 아무 준비 없이 막무가내로 진행된 비대면 행사는 결국, 모두의 표정을 어둡게 만들어 버렸다. 단상의 마이크는 축사와 환영사, 주요 인사말을 제대로 송출하지 못했고, 이런 문제를 예측해 영상에 자막을 띄울 생각과 인력도 없었다. 게다가 고정된 스마트폰 하나가 중계 시스템의 전부였다! 상상이나 되는가? 강당을 비추는 '전체 부감 샷' 하나가 앵글의 전부이고, 직접 송출 마이크가 아니라서 웅웅거리는 소리만 나는 화면을 말이다. 게다가 마스크를 쓴 사람, 쓰지 않은 사람 모두 짙은 색 정장 차림이라니! 그렇게 행사는 허술하게 끝나 버렸고, 부서장은 기관장에게 문책을 당하고 말았다.

이 일이 있은 후 지인은 나에게 탄식과 실소가 섞인 말로 고백했다. 그간 유튜버들이 돈을 쉽게 번다고 생각했는데 몹쓸 선입견이었음을, 회사에서 비대면 행사를 치를 때마다 수명이 반으로 줄어드는 것 같음을 말이다. 지인은 이후, 비대면 행사를 전문적으로 진행하는 프로듀서를 소개받아 자문을 구하고, 여름이 지날 무렵에는 기관 내에 비대면 행사를 준비하는 담당자가 되었다.

그런데 정말 대면을 비대면으로 전환하는 게 힘든 일일까? 부서장의 말처럼 스마트폰을 사용하는 사람이라면 누구나 화상 통화를 한 번쯤은 해 보았을 것이고, SNS를 한다면 라이브 방송도 접했을 텐데 말이다. 왜 잘만 사용하던 비대면 커뮤니케이션 도구들이 업무의 영역으로 들어오면 갑자기 '가까이 하기에는 너무 먼 당신'이 되어 버리는 걸까? 일대일이 아닌 다대다가 되어서 어려워지는 걸까, 단순히 '일'이기 때문에 어려워지는 걸까? 그도 아니면, 화면을 마주한 사람과 사람 사이에 다른 무언가가 끼어들어 버리기라도 한 걸까? 만약 사람과 사람을 잇는 연결고리가 네트워크 신호 외에 무엇이 있느냐고 묻는다면 천천히 힘을 주어 말하고 싶다. 사람과 사람 사이에는 수많은 변수가 있고, 이를 해결할 준비와 연습이 반드시 필요하다고 말이다.

어떤 일의 난이도를 설명할 때 우리는 '너무 어렵다, 어렵다, 보통이다, 쉽다, 매우 쉽다'의 다섯 단계로 나눈다. 만약 내게 지난 해 비대면 커뮤니케이션 상황들을 두루 겪으면서 느낀 난이도를 말해 보라고 한다면, 어느 한 구간으로 설명하기를 주저할 것이다. 강의, 평가, 면접, 프레젠테이션, 비대면 행사까지 십수 년을 경험한 결과 어떤 현장은 쉬우면서도 어려웠고, 어떤 현장은 어렵다가 쉬워졌다. 커뮤니케이션을 공부하다 보면, 각각의 상황이 하나의 독립 사례가 되기도 하고, 그럴 만한 상황 전개가 있기 마련임을 알게 된다. 사람과 사람 사이에도 결이 있고, 사람과 상황 속에도 결이 있고, 그 전체를 아우르는 흐름이 있다. 어찌 되었든 커뮤니케이션은 늘 어렵다.

대면을 비대면으로 바꾸는 걸 가볍게 생각한 사람들은 몇 번의 경험 후에 간단한 문제가 아니라는 걸 깨닫는다. 그리고 지난해를 고스란히 비대면 업무 적응에 바친 사람들은 이제야 익숙해지기 시작했다고 말한다. 물론, 장소나 대상, 사용하는 도구와 기기가 바뀌면 여전히 긴장된다고 덧붙인다.

비대면 방식과 대면 방식이 자유롭게 혼용되기까지 우리는 몇 번의 모의고사를 더 치르게 될 것이다. 그나마 위안이 되는 것은 누구에게나 어렵고, 모두가 적응하기 위해 노력하고 있다는 사실이다. 이 시기를 잘 헤쳐 나갈 공식을 안다면 가까운 미래에 멋지게 살아남은 당신을 볼 수 있을 것이다. 비대면 커뮤니케이션 능력은 분명 또 하나의 경쟁력이다. 당신과 당신이 속한 조직은 이에 대해 노력하고 준비해야 한다.

03

적극적 비대면 시대에 여전히 적응 중인 우리

현대경제연구원은 2021년 1월 6일 발표한 경제 주평에서 2021년 한국 경제의 10대 키워드로 '위드 코로나'를 꼽았고, 그중 여덟 번째 키워드로 '온택트'를 다루며 온라인·비대면 시장의 성장과 한계에 주목했다. 그리고 '그동안 기업 부문에서 현실적인 문제로 비대면 분야가 활발하지 않았으나, 이번 코로나19 위기로 많은 기업이 기업용 시스템을 마련해 재택근무를 도입하거나 재택근무 인력을 채용했고, 마케팅 등의 경영 활동에도 온택트를 적용하고 있다'라고 진단했다. 또한, 다양한 이유로 대면 활동이 제한된다고 하더라도 비대면이 대체할 수 있는 범위는 한정적일 거라고 보았으며, 앞으로 온라인·비대면이 새로운 추세로 자리잡을지, 팬데믹과 같은 비정상적 시기에 사용하는 비상수단으로만 자리잡을지에 따라 온택트 분야의 성장과 한계점이 달라질 것으로 내다보았다. 모든 변화에는 양면성이 있다. 비대면 사회로 빠르게 진입한 지금, 온라인·비대면으로 진행되는 면면이 모두 긍정적지만은 않다. 지난해 비대면 소통 방식은 대면과 비대면의 선택이었다기보다는 비대면이라도 진행할 것이냐 아니냐를 선택하는 문제였다. 미처 준비할 새 없이 밀물처럼 밀려든 변화에 우리는 순간순간을 온택트로 살았다.

반면, 충남대학교 아시아여론연구소는 한국 사회과학 조사를 실시해, 비대면 사회에서 비대면 커뮤니케이션을 유지하려는 변화의 속도가 일부 우상향일 것으로 내다보았다. 구체적으로 코로나19 발생 이전 대비 친족 간 모임과 방문 정도를 묻는 문항에는 86.8% 감소라고 답했으며, 친족 간 교류 방식은 'SNS, 전화, 이메일을 이용한 비대면 모임' 65.6%, '화상 기기를 이용한 비대면 모임' 14.0%, '대면 모임' 20.4%로 나타났다. 또한 코로나19 발생 이전 대비 사적 교류와 모임은 89.4%가 감소했다고 답했고, 사적 교류 방식은 'SNS, 전화, 이메일을 이용한 비대면 모임' 72.6%, '화상 기기를 이용한 비대면 모임' 12.9%, '대면 모임' 14.5%로 나타났다. 코로나 발생 이전 대비 공적·업무상 모임과 방문을 묻는 물음에도 87% 감소했다고 답했으며, 공적·업무상 모임과 방문은 'SNS, 전화, 이메일을 이용한 비대면 모임' 69.1%, '화상 기기를 이용한 비대면 모임' 13.5%, '대면 모임' 17.4%로 집계되었다. 그리고 화상 기기를 이용한 온라인 미팅 사용에 대한 만족도를 묻는 질문에는 '매우 불만족 3.6%,

다소 불만족 14.9%, 다소 만족 21.3%'로 조사되었다.

이 조사 결과에서 주목할 점은 코로나 종식 이후의 교류 방식에 대한 응답이다. 오프라인 미팅을 하겠다는 응답은 41.0%, 업무만 온라인 미팅을 하겠다는 응답은 27.7%이다. 또한, 화상 등 온라인 미팅에 대한 의견 20.4% 중 친교 모임만 온라인으로 하겠다는 의견은 10.9%로 나타났다. 자유롭게 대면하지 못하는 시기에 실시한 조사라는 점을 충분히 감안하더라도 온라인으로 진행하는 비대면 커뮤니케이션을 활용할 거라는 의견이 많다.

한편, 앞서 언급한 현대경제연구원의 경제 주평에 따르면, 비대면 환경을 사용하는 이용자 중 1/3 이상이 비대면 방식으로 일하는 것을 선호하는 것으로 나타났다. 익숙해지기까지는 분명히 다소 시간이 걸리고 시행착오는 겪겠지만, 이전으로 돌아가지는 않겠다는 것이다. 스마트폰의 단점은 알지만, 스마트폰을 사용하기 전으로 돌아가지는 않겠다는 맥락과 같지 않을까. 대면보다 어렵고, 어쩔 수 없이 쓰는 수단으로서의 비대면 방식이지만, 코로나19가 종식되더라도 저마다 온택트 워크(Ontact work)로 업그레이드할 것이다.

비대면 방식, 행정에 스며들다

최근 발표된 강남구청의 '온택트 행정 사례'는 더없이 반갑다. 지속

가능한 소통과 돌봄을 고민한 강남구는 〈코로나 시대! 색다른 복지 어디 없나요?〉라는 행정 사례집을 통해 그간의 사업을 수록해 발간했다. 이에 나는 담당 공무원과 전화 인터뷰를 통해 사업을 운영하는 데 있어 어떻게 비대면 커뮤니케이션을 활용했는지 알아보았다.

강남구는 코로나19 장기화에 대비해 2020년 5월부터 본격적으로 맞춤 복지에 돌입했다. 경제적으로 어려움에 처한 건강 고위험군에 해당하는 돌봄 어르신 558명을 대상으로 정기적인 화상 통화로 안부를 묻고, 컨디션을 체크한 것이다. 구체적으로는 화상 통화가 익숙지 않은 어르신을 직접 찾아가 전화를 수신하는 방법을 일일이 설명하고 안내했다. 이는 실제로 고위험 돌봄 대상자의 건강 증진에 도움이 되었고, 고독사 예방에도 효과가 있는 것으로 나타났다. 코로나19만 아니었다면 평소처럼 복지관의 문화 프로그램도 이용하고, 건강 검진도 받았을 돌봄 어르신이지만 모든 것이 멈춰야 할 시기에 공무원들의 적극적인 모습은 그들에게 큰 힘이 되었고, 정말 온택트를 넘어서 온택트(溫-tact)의 사례라 할 만 하다. 많은 어르신이 스마트폰 사용에 익숙지 않고, SNS와 메신저를 사용할 줄 모른다. 반드시 눈높이 맞춤 복지가 필요하다.

또한 데이터 사용에 부담을 느끼는 어르신을 위해 각 주민센터에 배치된 '찾동 전화'로 전화를 걸어 안부를 물었으며, 실시간으로 코로나19 확산 상황을 알 수 없는 주민에게는 복지 담당 공무원이 일주일에 한두 번씩 주기적으로 연락해 알렸다. 이 정책은 2020년

7월 말 논현동을 첫 시범으로 8월 말까지 스물 두 개 동으로 확대 시행되었다. 화상 통화를 통해 민원인이 직접 구청을 방문하지 않아도 복지 상담 서비스를 받을 수 있게도 했다. 긴급 급여, 기초연금, 수급자에 대한 복지 급여 책정과 관련한 업무 모두 화면으로 문서를 공유하고, 필요에 따라 글씨를 쓸 수 있도록 한 것이다. 행여 복지 상담을 위해 구청에 방문할 일이 있을 때에도 '온-나라 이음' 시스템을 활용해 원거리 화상 상담을 실시했다.

강남구청의 복지정책과 최민서 주임은 "찾아가는 주민센터를 통해, 그간 대면으로 이루어지던 행정을 비대면으로 제공할 때 효과가 있을까, 이용자가 만족할까 고민이 많았습니다. 그러나 이런 비대면 서비스를 이용한 어르신과 젊은 주민 모두 폭넓게 만족해 주셨습니다. 2020년 지역 복지 사업인 '찾아가는 보건 복지 서비스 제공' 분야에서 우수 지자체로 선정되는 성과도 얻었지요. 고생한 기억은 하나도 기억나지 않고 가슴 벅찰 정도의 뿌듯함만 남았습니다."라고 말했다.

행정 분야 외에도 대면하지 못하는 상황을 비대면으로 해결하려는 시도와 노력이 많은 한 해였다. 비대면으로의 전환은 송신자와 수신자에 맞게 촘촘하게 설계되고 실행되어야 한다. 탁상행정이 아닌, 실질적으로 실행될 수 있도록 말이다. 실제로 많은 사람이 의견을 좁히는 과정에서 비대면 커뮤니케이션이 불편하거나 효율적이지 못할 때는 언제든 다시 논의하고 온라인을 통해 마주했다. 이는 커뮤니케이션이 반드시 모두 한 자리에 모여 얼굴을 마주해야만 좋은 결과로 이어지는 것은 아니라는 좋은 사례가 되었고, 커뮤니케이션이 반드시 대면과 비대면의 문제가 아니라는 걸 알게 했다. 즉, 소통에서 가장 중요한 건 사실 진정성을 전달하기 위한, 송신자의 마음과 수신자의 받아들임이다.

비대면에 실시간을 더하면 만족도 최고

코로나19로 사회적 거리두기가 계속되자 직격탄을 맞은 업종 중 하나가 운동 관련 업종이다. 한때, 몇몇의 운동 시설에서 코로나19 확진자가 발생해 집단 감염으로 이어지자 많은 사람이 간간이 하던 운동조차 못하게 되었고, 각 지자체에서 운영하는 운동 시설도 문을 닫게 되었다. 동네의 헬스장이나 요가 학원, 필라테스 스튜디오 모두 계속되는 휴업 조치에 폐업 절차를 밟는 안타까운 일도 벌어졌다. 이렇게 지칠 대로 지친 시기, 사람들은 나름의 방법을 찾기 시작했다. 동영상 플랫폼을 통해 홈 트레이닝을 하기 시작한 것이다. 나도 필라테스와 스트레칭 콘텐츠를 다루는 유튜브 채널을 구독 중이다. 물론 잘못된 자세를 교정해 주는 트레이너가 없다는 점과 거울을 보며 따라 하려니 흥미가 떨어지는 점은 아쉽다. 운동은 꾸준히 하는 게 관건인데, 자꾸 미루는 내 모습을 보았다. 나만 이런 게 아니라는 게 위안이라면 위안이지만 말이다.

한국건강증진개발원이 2020년 10월에 성인 1,031명을 대상으로 한 〈코로나로 인한 신체 활동량 변화에 대한 조사〉에 따르면 32.9%가 충분한 신체 활동을 하지 못하고 있다고 밝혔다. 30% 대라면 대부분은 어떻게 해서든 조금씩 운동을 하고 있다는 의미이긴 하다. 이때 반가운 기사를 발견했다. 세종시 세종체력인증센터에서 2020년부터 비대면·온라인 실시간 운동 방송을 꾸준하게 진행하고 있다는 기사였다. '실시간' 세 글자에 시선이 멈췄다. 그야말로 그동안 답답했던 점을 제대로 공략한 '온라인 홈 트레이닝'이 아닌가! 다음은 세종시 세종체력인증센터 이영민 센터장과 전화와 메신저를 이용한 인터뷰 내용이다.

강: 안녕하세요. 이영민 센터장 님. 비대면 인터뷰에 응해 주셔서 감사합니다.

이: 안녕하세요. 세종시 세종체력인증센터 이영민 센터장입니다. 센터에서 모두 열심히 일한 보람이 있네요. 반갑습니다.

강: 네. 그동안 애쓰셨겠습니다. 세종시 세종체력인증센터에 좋은 소식이 있더라고요. 국민체육진흥공단이 주최하는 '국민 체력 100 사업 활성화 아이디어 공모전'에서 최우수상을 수상하셨지요? 축하 드립니다. 전국 17개 시·도 에서 최초로 온라인 실시간 홈 트레이닝을 운영하셨더라고요.

이: 감사합니다. 코로나19에 대응하기 위한 역점 사업으로 추진한 맞춤형 비대면 실시간 홈 트레이닝이 시민들에게 큰 호응을 얻었습니다.

강: 네. 운영을 잘하셔서 상을 받으셨을 텐데요. 오늘 그 이야기를 자세히 듣고 싶습니다.

이: 세종시 세종체력인증센터는 2020년 6월부터 구글밋으로 실시간 홈 트레이닝 서비스를 진행했습니다. 2020년 5월에 한 달간 나름 베타 테스트를 통해 시험 방송을 했어요. 사실 그때만 하더라도 코로나19가 이렇게 장기화되리라 생각하지 못했습니다. 코로나19 이전에 직접 센터에서 운동하는 분이 몇 분 계셨는데, 집합 금지가 계속되자 잠깐만이라도 비대면으로 프로그램을 진행해 달라고 하시더라고요. 그래서 시작하게 되었습니다. 사실 저희도 답답한 상황이고, 아무것도 안 할 수도 없어서 시작했는데 예상보다 반응이 좋아 다행이에요.

강: 그렇게 벌써 일 년 가까이 되었네요. 그동안 어려움도 참 많으셨겠어요. 영상 촬영이나 편집, 실시간 중계 모두 세종시 세종체력인증센터에서 직접 하시나요?

이: 네. 직원들이 일을 나눠서 직접 하고 있습니다. 다들 유튜브를 보기만 했지, 촬영이나 편집을 해 본 적이 없어서 따로 시간을 내서 배웠어요. 처음에는 태블릿 PC로 운동 처방사의 음성을 전달하기에만 급급했는데, 이제는 카메라도 늘리고 캡처보드도 사용하며 조금 더 다양한 자세를 보여 드리고 소통하기 위해 노력하고 있습니다. 그리고 혼자서도 잘 따라 하실 수 있도록 쉬운 운동 프로그램을 개발해 전달하고 있어요.

강: 와! 많이 노력하셨네요. 사기업이 아닌 기관에서 이렇게 열정적으로 하신 점, 정말 대단하십니다. 실시간 홈 트레이닝 외에도 유튜브와 페이스북

에 영상이 별도로 올라가 있던데요?

이: 실시간으로 참여하지 못하는 분들을 위해서 요약본을 만들어 올리고 있습니다. 직장인들이 좋아시더라고요.

강: 이제 거리두기 때문에 운동을 못한다는 핑계는 절대 못 대겠네요. 실시간 홈 트레이닝은 사전 접수를 통해서 할 수 있나요? 인원에 제한이 있지요?

이: 네. 자세를 교정할 부분을 맞춤형으로 알려 드리고, 화면 꺼짐과 같은 네트워크 오류를 잡아내기 위해서 인원을 제한하고 있습니다. 2020년에 30명으로 시작한 온라인 수업이 현재는 누적 수강생만 1,287명입니다. 세종시 인구가 대체로 젊은 세대가 많은 편이라 평일 저녁에 참여가 가능한 직장인 반을 따로 운영하고요. 그 외 60~70대 연령층도 40%나 됩니다.

강: 다양한 연령층이 고루 참여하시네요. 고령층의 참여율도 높은 편이고요. 기기 사용이 어색하신 분들도 계셨을 텐데, 어떻게 참여를 도우셨나요?

이: 스마트기기 사용이 익숙하지 않은 분들을 위해서는 강사들이 전화로 직접 설명해 드렸어요. 그래도 못하시면 잠깐 방문했을 때 스마트폰으로 접속하는 법을 자세히 알려 드렸습니다. 그리고 대면으로 운동할 때는 공간에 제약이 있어서 원하는 시간이 겹칠 때는 제비뽑기를 했는데요. 온라인은 제비뽑기를 하지 않아도 된다며 좋아하시더라고요. 참여해 주신 시민들께 감사드립니다.

강: 운동 처방사께서 친절하게 알려 주셔서 참여자가 늘어난 것 같습니다.

프로 운동선수가 출연하신 적도 있다고 하던데요?

이: 네. 세종시청 테니스팀 소속 손지훈 선수가 직접 영상에 출연해 경기 전 스트레칭하는 방법을 알려 주셨습니다. 프로 운동선수가 하는 스트레칭이라고 하니 반응이 좋았습니다.

강: 현재 어느 정도 참여하고 계신가요?

이: 처음에는 월수금 오전·오후에만 진행했어요. 그런데 참여자가 늘어서 지금은 화목토 오전·오후반도 추가했습니다. 직장인을 위한 저녁반도 운영하고 있고요. 현재 사전 신청자만 200여 분 됩니다.

강: 소위 '집콕 기간'인데도 운동하고 싶은 분들이 계셨나 봅니다. 저도 이제 핑계는 그만 대고 실시간 홈 트레이닝을 이용해 열심히 운동하겠습니다. 앞으로 운영 계획은 무엇인가요?

이: 올해도 방역 지침에 따르며 비대면 수업을 지속할 생각이에요. 코로나19 상황이 진정되면 비대면 방식과 대면 방식을 혼합해서 진행할 예정입니다. 앞으로 유튜브에도 편집본 영상을 올릴 계획도 있어요.

강: 계획이 다 있으시군요. 시민과 비대면으로라도 소통하려 애쓰시는 세종시 세종체력인증센터의 노력이 정말 멋집니다. 인터뷰하면서 궁금한 점이 있는데요. 세종시 시민이 아니면 실시간 운동 프로그램 참여는 어려울까요?

이: 아니요. 누구나 가능합니다. 실시간 홈 트레이닝 서비스는 국민체육진흥공단에서 무료로 제공하는 서비스입니다. 우리나라 국민이라면 누구나 이용할 수 있습니다. 체력증진센터는 전국에 71개소가 있고요. 공단에서 직접 운영하는 거점 체력인증센터는 5개소가 더 있습니다. 홈페이지에서 가까운 체력인증센터를 찾아 보시면 좋겠습니다. 건강을 위해서 꼭 한 번씩 들러 주시고요. 코로나19 기간에도 운동을 생활화하는 분이 많았으면 좋겠습니다.

강: 비대면 시대, 운동을 멈추지 않고, 전문 운동 처방사들의 안내에 따라 실시간 홈 트레이닝을 할 수 있는 방법과 프로그램 안내해 주셨습니다. 세종 체력증진센터 이영민 센터장 님, 인터뷰에 응해 주셔서 다시 한번 감사드립니다.

이: 네. 감사합니다. 건강하십시오.

전화 인터뷰를 마친 후 공식적으로 건네받은 세종 체력증진센터의 '비대면 체력 증진 교실' 설문 조사 결과를 살펴보았다. 온라인 홈 트레이닝 운영이 건강 생활 실천에 도움을 주었느냐는 질문에 매우 만족은 70%, 만족은 24.5%로 무려 94.5%의 만족도를 보였으며, 불만족을 나타낸 사람은 없었다. 이어 코로나19로 인해 침체된 건강 상태(우울증, 신체능력 등) 회복에 도움을 주었느냐는 질문에도 긍정적으로 답한 사람이 94%나 되었다. 또한 프로그램 종료 후에도 배운 내용을 일상생활에서 실천할 생각이 있는지를 묻는 항목에는 무려 99.1%가 실천하겠다고 답했으며, 향후 온라인 홈 트레이닝을 다시 운영한다면 참여할 의사가 있는지 묻는 질문에도 99.1%가 긍정적으로 답했다. 물론 설문 조사 결과가 아니더라도 이미 신청 대기자가 많다는 사실이 세종 체력증진센터의 운영은 성공적이라 할 수 있다.

행정, 복지, 교육, 운동까지 비대면으로 이루어지고 있다는 것만 보아도 우리의 일상생활 곳곳에 소통 방식의 변화가 생겼다는 걸 알 수 있다. 이 책에서는 그간 이루어진 비대면 상황들을 살펴보며, 비대면이 대면했을 때만큼 매끄럽고 유연하게 소통할 수 있도록 가이드를 제시할 예정이다. 비대면 커뮤니케이션의 윤활유가 될 가이드는 크게 여덟 가지로 나누었으며, 그 키워드는 'DETAIL'이다.

자연스러운 비대면 커뮤니케이션을 위한 첫 번째 요소는 '거리(Distance)'로 전통적인 사회적 관계에 대한 통념이 무너지고 새롭게 자리잡은 수평적 관계에 대한 이해와 실제 사용하는 온라인 툴과 나 사이의 거리에 대해 다룬다. 두 번째 요소는 가장 발 빠르게 변화를 꾀하는 분야인 '교육(Education)'의 변화와 적응에 대해 다루었다. 기존의 주입식 성격의 교육 현장이 경험의 확장이라는 성격을 띠게 되는 과정을 담았다. 세 번째 요소는 '아이 콘택트(Eye contact)'로 비대면 상황에서 가장 어색해하는 눈맞춤에 대한 실질적 조언을 담았다. 화면을 통해 만나는 타인과 조금 더 가깝고 친밀하게 다가가기 위한 노하우를 알아보자. 네 번째 요소는 '말하기 스타일(Talk style)'이다. 대면 상황과는 확실히 다른 비대면 환경에서 말의 속도와 톤, 말투에 대해 알아보며, 개인의 스피치 진단표를 실어 말하기 유형별 훈련법을 제시했다. 다섯 번째 요소는 '질문과 답하기(Ask & Answer)'로 비대면 환경에서 가장 어려운 질의응답 시간을 내 것으로 만드는 법을 다룬다. 강력한 말하기 기술로 유연한 프레젠테이션을 선보이자. 여섯 번째 요소는 '이미지(Image)'로 화면에 비치는 모든 것을 통해 개인과 조직의 이미지를 브랜딩하는 법을 제시한다. 구체적으로는 자연스러운 화면을 조성하고 보이고 싶은 부분을 부각하는 법을 상세히 다루었다. 일곱 번째 요소는 '듣기(Listen)'로 잘 듣기의 중요성과 잘 듣는 법에 대한 이야기이다. 커뮤니케이션에서 가장 중요한 건 결국, 잘 듣는 것이고 잘 듣는 사람이 대화의 주인공이다. 마지막으로 '로그인 매너(Log-in manner)'를 다루며 이메일과 메신저 활용법을 담았다. 이메일과 메신저를 사용한 지 20년이 넘었음에도 제대로 사용하지 못하는 사람이 많다. 결국, 기본 매너가 원활한 비대면 커뮤니케이션을 만든다. 자, 지금부터 디테일하게 비대면 커뮤니케이션을 잘할 수 있는 노하우를 알아보자.

PART

2

DETAIL 키워드로 풀어 보는 비대면 커뮤니케이션

ONTACT

비대면
말하기
수업

01

Distance_
경계가 모호해진 비대면 사회에 적응하기

온라인 환경에는 비대면 커뮤니케이션에 대한 정확한 이해와 준비, 그리고 적합한 기술이 필요하다. 낯설지만 완전히 낯설지는 않은 비대면 사회로 급히 환승하면서 에티켓과 질서에 대한 의견이 분분한 요즘이다. 그렇다면 2020년 한 해 동안 우리는 비대면 환경에서 어떤 질서를 만들어 냈고, 앞으로 무엇을 갖춰야 하는가? 여기에는 단순히 화상 기기와 도구를 사용하는 방법론적 담론에 그치지 않고, 비대면으로 지속될 수밖에 없는 미래에 대해 세심히 살펴볼 필요가 있다.

비대면 커뮤니케이션에는 스마트기기를 두루 다루는 것뿐만이 아니라 송신자와 수신자 사이의 심리적 거리를 좁힐 수 있는 방식이 요구된다. 한국교육학술정보원의 계보경 외 2인이 발표한 〈2020 이슈 리포트〉에 따르면 '비대면 커뮤니케이션은 경제 논리를 기반으로 한 다양한 ROI(Return on Investment, 투자자본수익률)적 관점에서 보면 비용상 경쟁 우위로 활용하는 것이 아닌, 긴급 상황에 직접 활용이 가능한 도구로 재평가가 이뤄지고 있다'라며, 불필요한 지역사회 감염을 막기 위한 재택근무와 온라인 회의 도구로 관심이 높아지고 있다고 보았다. 또한 특수한 상황의 몇몇만이 사용하는 기술이 아니라, 대중에게 일상 기술로 인식되고 있으며, 디지털 전환시대에 장애가 없는 학습과 소통을 위한 범용 학습 도구로서의 활용성이 높아질 거라 기대했다.

영토가 넓어 이동 거리가 긴 나라의 경우, 원격 화상 회의의 빈도가 대면 회의보다 높다. 그러나 우리나라는 전국이 반나절 생활권이라서 코로나19 이전에는 대면 회의가 더 일상적이었다. 그러다 보니 2020년은 많은 시행착오와 기술적 보완이 이루어진 해였다. 물론, 그럼에도 불구하고 해결하지 못한 문제도 많다. 효율성이 떨어지거나 오해가 생기거나, 오히려 시간이 더 오래 걸리는 문제들이다.

비대면 커뮤니케이션은 기존에 우리가 알고 있는 커뮤니케이션에 디지털이 접목된 형태이다. 직접 만나서 소통하는 방식에서 가장 중요한 건 '말'이지만, 비대면 소통에서는 '말' 대신 이메일이나 자료 공유만 이루어지는 경우도 많다. 여기에 요즘에는 영상까지 확장되어 말과 글을 동시에 전달해야 하기까지 하다. 구체적으로는 눈과 입, 귀뿐 아니라 디지털 눈과 디지털 귀, 디지털 입이 동시에 움직여야 한다. 글은 체계적이고, 공유가 가능하고, 복기의 속성을 갖고 있는 반면 말은 오로지 즉시성의 속성을 가진다. 그러나 디지털 도구를 사용하면, 흩어지고 기억 속에만 남던 말도 영상을 통해 복기할 수 있고, 영상 공유 플랫폼이나 클라우드에 박제 되어 영원히 남는다. 그래서 기존의 대면 커뮤니케이션에 비해 부담이 크다는 의견이 지배적이다.

통계로 살펴본 비대면 커뮤니케이션의 현주소

비대면 방식에서 가장 많은 시도와 다양한 변화를 보인 부문은 단연코 교육 분야이다. 대학 또한 초중고와 마찬가지로 개강을 연기하거나 온라인 수업으로 개강해 학사 일정에 무리가 있었고, 사회적 거리두기 기간을 예측할 수 없어 온라인 개강 이후에도 대면 수업과 비대면 수업이 혼선을 빚기도 했다.

온라인 강의에 대한 연구 조사 결과는 과목별, 시기별로 다른 양상을 보이는데, 〈간호대학의 비대면 수업 현황 및 만족도〉에 대한 김상남의 연구(부산 K 대학교 간호대학 대상)에서 보면, 가장 선호하는 비대면 수업 방식으로 '녹화된 강의'로 나타났다. 이는 의과학연구정보센터에서 전국 1,161명의 대학생을 대상으로 비대면 수업에 대한 의견 조사와 같은 맥락을 보인다('녹화된 강의' 선호 55%). 반면 간호대학 학생이 인지한 비대면 수업의 내용 분석을 질적 연구한 김상남은 비대면 수업의 편리하고 수월함보다 대면 수업의 상호작용이 충분함을 그리워하고 있는 것으로 보며, 대학은 상향된 비대면 수업 지원 프로그램을 개발하고, 교수자는 상호 소통에 중점을 둔 강의를 설계해야 한다고 지적했다.

이번에는 강의 공급자인 교수진과 강의 수용자인 학생 집단을 대상으로 같은 시기 조사한 결과를 비교해 보고자 한다. 국내 H 대학교의 2020년 1학기 〈원격 강의에 대한 학생 만족도 조사〉에 따르면 수강한 원격 강의 중 가장 선호하는 강의 형태를 묻는 질문에 '녹화된 강의'라고 답한 비율은 77%(5,905명), '실시간 화상 강의'를 선호한다고 답한 비율은 18%(1,363명)으로 나타났다. 원격 강의에서 가장 아쉬운 점으로는 '강의의 전문성 부족' 24%(1,806명), '교수와의 상호작용 부족' 23%(1,761명), '과제의 부담' 21%(1,576명)로 나타났다.

반면, 동 대학교에서 교수진을 대상으로 한 〈원격 강의 교원 만족도 조사〉에서 주로 사용한 강의 형태를 묻는 질문에는 '녹화된 강의' 52%(155명), '실시간 화상 강의' 36%(108명)로 나타났으며, 녹화된 강의지만 얼굴과 보드가 모두 나오게 준비한다는 응답은 12%(35명)로 집계되었다. 또한, 비대면 강의 준비에 걸리는 시간에 대한 질문에는 '대면 강의보다 적은 시간 소요'는 1%(4명), '대면 강의와 비슷한 시간 소요'는 16%(46명), '대면 강의보다 2배의 시간 소요'는 무려 50%(144명)이었다. '대면 강의보다 3배 이상의 시간이 소요'된다고 밝힌 교수자도 33%(97명)에 달했다. 즉, 녹화 방식이든 실시간 방식이든 비대면·온라인 강의 준비 시간이 대면 강의 준비 시간보다 길다는 의견이 압도적이다. 또한 원격 강의를 진행하면서 별도의 소통 수단은 무엇을 사용하는지에 대한 질문에는 '카카오톡 이용' 41%(123명), '원격 강의 시스템 블랙 보드 이용' 37%(112명), '이메일 이용' 13%(38명)로 나타났다.

대학에서 외래 교수로 출강 중인 K 씨는 전화 인터뷰를 통해 수업 준비 시 총 4대의 스마트기기를 이용한다고 밝혔다. 강의용 노트북, 모니터링용 노트북, 평소 쓰는 스마트폰으로 오픈 채팅을 하고, 혹시 모를 '끊김'을 대비해 공 스마트폰을 한 대 더 채팅방에 접속해 둔다고 한다. 굉장히 철저한 준비다. 내 말을 영상으로 전하는 소통 기기에, 문제가 발생할 것을 대비한 소통 기기를 하나 더 마련하는 셈이니 말이다.

비대면 커뮤니케이션의 거리를 좁히기 위해서는 이처럼 부가의 소통 수단이 필요하다. 원격 강의 운영 시 학습자 중심 교육 운영을 위해 가장 어려운 점을 묻는 설문에는 '학습자의 수준 파악이 어려움' 29%(86명), '비교적 많은 준비 시간' 28%(84명), '적절한 피드백 제공의 한계' 23%(67명), '온라인 강의 기술 활용의 어려움' 6%(19명), '온라인 강의 교수 전략 부재' 5%(15명)로 나타났다.

또한 대학생은 '녹화된 강의' 방식을 선호한 반면 초등학생과 중고등학생은 '실시간 원격 수업'을 선호하는 것도 눈에 띈다. 수업의 흐름을 이해하고 잘 따라오고 있는지 교사의 확인이 필요하며, 소통에 조금 더 무게를 두고 있기 때문이다. 이는 '녹화된 강의'를 선호하는 대학생 중 '교수와의 상호 작용 부족'을 꼽은 학생의 비율이 적지 않은 것을 보면 소통을 원하는 학습자가 많다는 결로 풀이된다. 대면 학습의 경우에는 한 공간에 함께 있다는 것 자체로 상호작용이 이루어지지만, 비대면 학습의 경우에는 이런 느낌을 전달하기 위한 별도의 노력이 필요하다고 보아야 한다.

비대면이 영 불편한 부장님

물리적 거리감이 심리적 거리감으로 드러나는 게 비단 학생들만의 일일까? 얼마 전, 비즈니스 커뮤니케이션 컨설팅 회의에서 상사 때문에 고민이 많은 한 과장님을 만났다. 그의 사정은 이러하다.

과장님은 매주 과장급 이상 참여하는 온라인 회의에 참여하고 있다. 비대면을 위한 회의이니 각자의 자리에서 접속해 회의를 이어가면 되었다. 그러나 부장님은 회의 때마다 과장님을 자신의 옆자리로 불러 회의에 접속하게 했다! 그래서 과장님은 채팅창에 안건에 따른 의견을 내고, 자신의 순서가 되면 브리핑과 보고를 한 뒤, 이를 옆자리에 계신 부장님께 대면 상태로 생중계해야 했다. 결국 온라인도 아니고 오프라인도 아닌 상태의 회의를 이중으로 참여하는 꼴이 된 것이다. 게다가 회의 내용을 동시통역하듯 전달하려니 얼마나 고역인가.

여기까지만 들으면 부장님이 소위 '꼰대'처럼 느껴질 것이다. 그런데 반은 맞고 반은 틀렸다. 나는 온라인 통역이 필요한 부장님이 혹시 온라인을 잘 다루지 못하는 분이신지, 굉장히 권위적이어서 자기 손가락 하나 까딱하기 싫어하는 분이신지를 물었다. 그런데 돌아온 대답은 '부장님은 아주 착하고 좋은 분'이었다. 착하고 좋은 분이 회의 때만 되면 동료 직원을 괴롭힌다는 말이 되어서 우리는 웃고 말았다. 사실 50대의 부장님은 온라인 회의가 끝나고 나면 일을 진행하는 데에 별 무리가 없는 분이었다. 물론, 온라인 회의 후 꼭 부서 내 회의를 소집해 '온라인 회의는 회의스럽지 않다'는 이유로 같은 내용을 복기하고는 했지만 말이다.

온라인도 아니고 오프라인도 아닌 어정쩡한 회의에 참석해야 하는 40대 과장님은 어떨까? 그는 따로국밥 회의처럼 느껴진다고 했다. 한데 말아 훌훌 들이켜야 하는 국밥을 국 따로, 밥 따로 먹는 것 같다고 말이다. 그러나 본인 역시 SNS를 활발히 사용하고, 젊은 직원과 소통도 하고, 비대면 문서 처리가 빠른 편이지만 여전히 단축키나 숨겨진 기능을 사용하는 데는 어려움을 느낀다며 부장님을 어느 정도 이해한다고 덧붙였다. 이렇게 온라인 방식은 어색하고 조금 더디게 진행되며, 낯설다. 물론, 부장님은 사회적 거리두기에 동참하며 조금 더 온라인 회의에 익숙해지도록 노력했어야 한다. 일대일 회의가 아닌 여러 사람이 참여하는 회의라면 따로 연습하는 시간을 가졌으면 좋았을 것이다.

대면과 비대면을 선택할 수 있었다면 부장님은 대면을 선택했을 것이고 과장님은 상황에 맞춰 선택했을 것 같다. 어떤 상황에서든 선택지가 둘 이상일수록 여유가 생긴다. 어색함과 낯섦의 느낌은 경험치의 차이일 뿐 그 이상도 이하도 아니라는 걸 기억하자. 그렇다면 비대면의 거리감을 좁힐 방법은 없을까?

비대면 상황에서 달라지는 개인적 거리와 사회적 거리에 대해 생각해 보자. 인간과 공간의 관계를 연구하는 학문인 '근접학(proxemics)'을 수립한 문화 인류학자 에드워드 홀은 언어학자 조지 트래거와의 공동 연구를 통해, 사람과 사람의 거리를 공간 지각을 통해 네 가지 영역으로 나누었다. 첫 번째는 속삭임이 들리는 46센티미터 미만의 '친밀한 거리', 두 번째는 나직한 목소리로 이야기하는 46~120센티미터의 '개인적 거리', 세 번째는 분명한 목소리로 공적인 화제를 이야기하는 1.2~3.6미터의 '사회적 거리', 마지막은 큰 목소리로 청중에게 이야기하는 3.6미터 이상의 '공적인 거리'이다. 거리에 따라 관계의 거리가 명쾌하게 설명된다.

그러나 비대면에서는 이런 구분이 모호해진다. 거리에 따른 관계 설정이 무의미해진다는 건, 전통적으로 유지되던 사회적 관계에 대한 통념이 무너진다는 뜻이다. 온라인 속에서 누군가는 화면 안에 가득 차게 앉고, 누군가는 목선 위로 얼굴만 동동 뜨게 앉고, 누군가는 상반신 전체가 보이게 앉기도 하지만, 근본적으로는 저마다 배치된 칸 안에 위치해 수평적인 관계가 형성된다. 물론 온라인에도, 나와 화면과의 거리, 타자와의 심리적 거리와 사회적 거리 등 다양한 거리가 존재한다. 그러나 전통적인 인간관계에서 벗어난 새로운 관계가 형성된다는 건 부인할 수 없다.

앞서 예로 들었던 온·오프라인이 혼재된 '온라인 통역'이 필요한 부장님은 어쩌면 이러한 평면적 거리가 심리적 부담으로 작용했을지 모른다. 대면 회의에서는 사실 암묵적으로 상석과 말석이 정해져 있다. 조직 문화에 따라 원탁에서 회의할 수도 있지만 대부분은 서열과 직급에 따른 지정석이 있으며, 보통은 문에서 가까운 쪽이 말석이고, 안쪽이나 중앙에 가까운 자리일수록 상석이다. 이런 자리 배치는 대등한 관계가 아니라 결정권자 앞에서 브리핑하기 위한 배치이기도 하다.

그러나 온라인 세계에는 이런 서열별, 직급별 자리가 존재하지 않는다. 그래서 결정권자라고 해서 권위를 업고 할 수 있는 소위 '말빨'을 내세울 수 없다. 그냥 온라인 회의 도구에 익숙한 사람이 제일 자연스러워 보이고, 화면에 자료 공유조차 못하는 사람은 답답해 보일 뿐이다. 어쩌면 그 부장님은 서열을 확인할 수 없고, 직급에 따른 권위를 내세울 수 없는 온라인 환경에 영 내키지 않았던 건 아닐까.

비대면 커뮤니케이션에 관한 자료를 수집하고 조사하면서 느낀 점은 특정할 수 없는 상황들이 불특정하게 일어난다는 점이다. 예측할 수 없는 n 가지 상황이 발생한다고 봐야 한다. 그래서 나는 소거법을 추천한다. 챙겨야 할 게 너무 많은 상황이라면 '반드시 하지 말아야 할 것'부터 소거하자. 그래야 제일 큰 실수를 피할 수 있다. 그리고 비대면 초보라면 사적이고 친밀한 모임부터 비대면으로 경험하자. 중요한 비대면 업무에서 데뷔할 필요는 없으며, 무엇이든 해봐야 느는 법이다.

일상 속 비대면, 업무 속 비대면

지난해 연말, MBC 예능 프로그램 〈나 혼자 산다〉를 통해 랜선 송년회를 하는 배우 서지혜 씨의 모습이 전파를 탔다. 그녀의 모습은 연말연시에 사회적 거리두기 단계가 연장되고 강화되며 나름의 연말을 보내는 방법으로 많은 시청자의 관심을 모았다. 요즘 사람들은 송년회뿐만 아니라 다양한 친목 모임을 비대면으로 진행한다. SNS에 랜선 친목 모임 인증 사진을 올리기도 하고, 랜선 송년회 체험기를 올리며 생각보다 온라인 모임도 만족스러웠다는 의견을 모았다. 이렇게 코로나19로 인해 사람을 만나지 못하는 사회에서도 온라인을 통해 '단절'되지 않을 수 있다는 새로운 재미가 알려지고 있다.

화상 통화를 떨어져 지내는 가족들의 전유물로 여기는 사람은 이제 드물다. 각자의 집에서 스마트폰으로 접속해 원하는 음식을 앞에 두고, 사람들과 이야기하는 랜선 모임은 앞으로 더욱 익숙해질 것이다. 실제로 올해 5인 이상 집합 금지가 시행된 설 명절에도 고향 집을 찾는 대신, 영상으로 새배를 하고 부모님과 화상 통화를 하는 사례가 많이 소개되었다.

화상 통화 애플리케이션을 비롯한 플랫폼이 다시 주목받는 한해이기도 했다. 화상 회의 툴 '줌'은 코로나19 이후 재택근무와 원격 수업 수요가 급증하면서 지난해 11월 분기 매출이 7억 7천만 달러를 돌파하는 등의 기록적인 성장세를 보였으며, 화상 회의 시스템을 이용한 비대면 신년 업무 보고회나 송년회를 진행한 기업과 기관 자료도 이제는 흔히 볼 수 있게 되었다. 사실 2020년 상반기만 하더라도 비대면 업무 관련 행사에 대한 검색 결과는 많지 않았다. 비대면으로 인한 시행착오가 많아서였을지 모르겠다. 그러나 2020년 하반기에서 2021년 상반기에는 비대면 업무 행사를 성공리에 마쳤다는 보도자료와 뉴스가 많이 보인다. 비대면의 물결 속에서 살아남은 것을 자축하는 것처럼 보이지만, 성공리에 마치기까지의 시행착오와 연습이 있었을 것을 알기에 박수를 보내게 된다.

코로나19로 인해 가장 많이 팔린 품목은 단연코 비대면 화상 회의와 교육을 위해 필요한 '컴퓨터 주변 기기'였다. 학생이 있는 집에서는 온라인 수업을 위한 웹캠과 헤드셋의 수요가 많았다. 단순하게 듣기만 하는 인터넷 강의로 생각했다가 부랴부랴 주변 기기를 마련하는 집도 있었고, 품절 사태로 이웃에게 빌리거나 중고를 사는 집도 있었다. 그러나 기기를 활용하는 방법과 에티켓의 부재는 아쉽다. 웹캠을 통해 여실이 드러난 사적인 공간을 캡처하는 사람이 생긴 것이다. 에티켓의 부재이기도 하지만 엄연한 범죄다.

얼굴을 마주하고 만날 때는 나의 옷차림과 표정, 태도가 나를 드러내는 모든 것이었다면, 비대면 상황에서는 화면 속의 나는 물론이고, 내 주변에 보이는 모든 것이 나를 드러내는 정보가 된다. 이런 정보들은 독이 될 수도 있고 득이 될 수도 있다. 그래서 처음 온라인 회의나 강의를 하고 나면 웹캠을 산 다음, 조명을 사게 된다는 사뭇 진지하면서도 마냥 웃을 수 없는 이야기가 심심찮게 들린다.

카메라의 각도에 숨은 권력

앞서 말한 방송 프로그램 〈나 혼자 산다〉로 다시 돌아가 보자. 당시 배우 서지혜 씨는 친구들과 거리낌없이 친목 모임을 갖고 즐거움을 나누었다. 그러나 이는 사적 모임일 때만 가능한 이야기이다. 실제로 화상 시스템에 접속해 보면 신경 쓰일 수밖에 없는 것이 각도이다. 특히 비즈니스 관계라면 더욱 신경 써야 한다.

2021년 문재인 대통령의 신년 기자회견을 보자. 올해 신년 기자회견은 비대면으로 진행되어 더욱 이목이 집중되었는데, 나는 한 기자의 질의응답 화면에 눈길이 갔다. 질문하는 기자 화면의 그리드가 크고, 상대방을 내려다보는 듯한 각도였기 때문이다. 정말 안타까웠다. 120명이 넘는 기자 중에 그런 앵글은 그분뿐이었다. 누군가는 '저 기자님은 노트북 캠이 낮은 위치에 설치되어 있나 보다.' 하고 넘길 수 있지만, 인터넷 환경에 대한 이해가 부족한 사람은 불편하게 느낄 수 있다. 정치색이 없는 평범한 질문이라 다행이었을까. 만약, 이렇게 내려다보는 각도에서 공격적인 말투를 사용하거나 예민한 질문을 했다면, 질의의 의도가 극대화해 오해를 살 수도 있었다.

누군가는 이렇게 세밀하게 카메라 각도까지 계산해 비춰야 하느냐고 반문할 수도 있다. 그러나 이런 사소한 부분으로 생기는 오해가 정말 많다. 일대일로 장시간 논의해야 하는 경우였다거나 중요한 계약이나 거래를 위한 회의였다면 어땠을까? 영화나 드라마에서 극대화한 감정을 몰입시키거나 권위와 권력을 나타낼 때 사용하는 앵글이 '로우 앵글'이다. 피사체의 아래에 카메라를 둬서 피사체가 아래를 내려다보는 시선으로 처리하는 앵글을 말한다. 화상 회의에서 일부러 그러한 권력을 설계할 생각이 아니라면 굳이 로우 앵글을 쓸 필요는 없다.

실제로 나는 IR 피칭(투자 유치 프레젠테이션)이나 입찰 프레젠테이션을 앞둔 발표자들에게 '절대로 상대방을 내려다보는 각도로 카메라를 설치하지 말 것'을 당부한다. 실제로 한 스타트업 대표는 화면을 공유하며 정적인 모습을 보여주기보다 웹캠으로 프레젠테이션 모습을 보여 주고 싶다며 의욕적으로 진행했다가 참패한 적이 있다. 자신을 내려다보는 듯한 시선을 달가워할 심사위원은 없다. 서서 발표한다면 웹캠도 같은 눈높이로 맞춰 설치했어야 했다.

카메라의 각도를 맞추는 것도 연습해야 한다. 일대일의 간단한 회의도 여러 번 리허설하는 사람이 있는가 하면, 여러 사람과의 회의인데도 연습 한 번 없이 했다가 큰코다치는 사람도 있다. 간혹 일도 바쁜데 무슨 연습을 하느냐는 사람도 있는데, 준비한 것을 오롯이 전달하려면 실전처럼 연습하는 수밖에 없다. 설정값 안에서 불필요한 요소를 소거하고, 꼭 필요한 요소를 더하며 초기 설정값을 계산해 내야 한다.

다시 한번 강조하지만, 대면 상황에서는 문제 되지 않았던 것들이 비대면 상황에서는 문제가 되는 요소가 아주 많다. 처음에는 다소 복잡하고 어색할 수 있지만, 우리는 카메라와 마이크보다 더 복잡한 기기인 스마트폰을 매일 사용하지 않는가. 연습! 연습하면 된다. 만약 비대면 커뮤니케이션 경험이 많지 않은 사람이라면 반드시 연결과 소통의 매개체가 되는 카메라의 거리와 각도를 살피길 바란다.

뉴스 앵글과 친해지자

비대면 상황에서의 적정한 거리는 어떻게 설정해야 할까? 나는 영상으로 다양한 강연을 보며, 외국어도 영상으로 배운다. 내가 영상을 선택할 때 중요하게 생각하는 것은 바로 카메라 앵글이다. 가요 프로그램처럼 화려한 카메라 워킹은 필요 없다. 내가 선택하는 영상은 15분에서 한 시간 내외의 영상을 집중해서 편하게 볼 수 있는 앵글이다.

내가 온라인 교육생에게 받은 가장 인상 깊은 피드백은 '보기 편한 각도였다, 강사의 제스처가 잘 보였다, 다른 교수님과 달리 상반신이 모두 보여서 바로 앞에 앉아 계신 듯 편했다'였다. 나는 이러한 피드백을 통해 많은 사람이 강의의 내용보다는 강의에 사용하는 자료 등의 시각 정보에 주의를 기울인다는 사실을 알게 되었고, 이후로 나는 가장 편안한 앵글을 제공할 수 있게 되었다.

가장 익숙한 것이 가장 편한 것이라는 말이 있다. 시대가 변해도 사람들이 가장 편안하게 생각하는 앵글은 바로 단독으로 진행하는 1인 앵커의 앵글이다. 방송사마다 뉴스 프로그램 꼭지 중 일부를 앵커가 서서 진행하는 경우도 있지만, 오프닝과 클로징은 반드시 데스크에 앉아 진행한다. 실제로 우리는 앵커의 상반신까지만 화면에 비춰지고, 앉아 있는 양옆의 공간이 어느 정도 확보되어 있을 때 안정감을 느낀다. 전달하고자 하는 사실에 집중시킬 수 있는 앵글이기도 하다.

이번에는 단독 앵커가 화면을 차지하는 비율을 살펴보자. 일단 데스크는 앵커의 허리보다 조금 위에 놓여 하반신을 가리고, 앵커는 양손을 어깨보다 살짝 넓혀 -노트북 키보드를 칠 때 벌리는 각도 정도- 정면을 바라본다. 방송사에 따라 손을 데스크 위로 올리기도 하고 내릴 수도 있다. 그리고 앵커의 머리 위로는 한 뼘 정도의 공간이 있고, 양옆은 앵커의 반 팔 넓이만큼의 공간이 있을 것이다. 하단에 자막을 넣는 경우에는 이보다 양옆 공간이 더 넓고, 왼쪽이나 오른쪽에 리포트 화면을 띄울 때는 양쪽 공간이 줄어들기도 한다.

이 앵글을 기준으로, 우리는 조금 더 공간을 주어 비추는 게 좋다. 너무 클로즈업하면 머그샷처럼 보일뿐더러, 제스처를 보여주기 힘들다. 제스처를 제2의 커뮤니케이션 도구로 유용하게 사용하는 사람이라면, 동작이 잘 보이도록 카메라의 각도를 조정하는 게 바람직하다.

온라인 소통 후 '통일되지 않은 앵글을 계속 보기 불편하다'는 피드백이 빠지지 않고 나오는 것을 보면, 사람들이 화면의 앵글에 얼마나 예민한지를 알 수 있다. 또한, 정면을 바라보는 자세를 유지하는 게 심리적 압박으로 다가올 수도 있다. 네댓 명 이상 온라인 화상 도구로 모여 본 사람은 잘 알 것이다. 어떤 이는 얼굴만 아주 가득 차게 앵글을 잡기도 하고, 어떤 이는 카메라에 자신의 목선까지만 겨우 비추도록 잡기도 하며, 어떤 이는 얼굴이 보이지 않을만큼 멀리 잡기도 한다는 것을 말이다. 물론 반드시 앵글을 통일할 필요는 없다. 그래야만 하는 규칙도 없다. 다만, 자연스러운 비대면 커뮤니케이션을 위해서라면 상대방을 배려해야 한다. 특별히 무언가를 손에 들고 보여줄 게 아니라면, 양손을 모니터 가운데로 모았다가 양쪽으로 부채꼴로 펼쳤을 때 손이 앵글 밖으로 잘리지 않는 정도로 조정하자. 그리고 카메라 위치가 너무 높으면 모니터를 바라볼 때 땅을 쳐다보듯 보일 수 있고, 노트북이 너무 낮으면 상대방에게 본의 아니게 위압감을 줄 수도 있다. 때로는, 흉부나 명치, 허리선까지 보이게 해 산만해 보일 수 있다. 이를 방지하기 위해 별도로 구매하는 게 웹캠이다. 모두 상대방을 배려하기 위함이며, 자연스러운 비대면 커뮤니케이션을 위한 장치이기도 하다.

심사위원이 안 보여요

얼마 전 경쟁 입찰 프레젠테이션에 참가했을 때 난감한 일을 겪었다. 나는 내 정면이 잘 보이도록 노트북에 별도의 웹캠을 설치해 만반의 준비를 한 반면, 심사위원의 앵글은 제각각이었던 것이다. 얼굴이 제대로 보이는 심사자는 단 한 명뿐, 나머지 두 명은 머리 윗부분이 잘린 채 너무 클로즈업되어 있었다. 각도를 보아하니 그들은 나를 별도로 설치한 큰 모니터로 보고 있는 게 분명했다. 사실 이런 일은 좋은 비즈니스 파트너가 될 지도 모를 사람에게 유쾌하지 않은 경험이 될 수 있으며, 제대로 된 소통이 될 리도 만무하다. 실제로 질의응답 시간에는 심사자 중 누가 질문했는지 확인하기가 어려웠고, 부담스러운 장면도 연출되었다. 열심히 준비한 프레젠테이션이었는데 카메라 거리와 각도의 변수는 미처 생각하지 못한 내탓이었을까. 열심히 준비한 프레젠테이션이었음에도 카메라의 각도로 인해 역량을 발휘하지 못한 것 같다 아쉽다.

모든 것을 전해 버리는 마이크

비대면·온라인 환경에서는 음성 정보 전달에도 신경 써야 한다. 마이크로 전달되는 음성에는 분명 한계가 있고, 질적으로도 제한적이다. 또한, 말하는 이가 아무리 성능이 좋은 마이크를 써도, 듣는 이의 스피커 사양이 낮으면 간섭 현상이 생겨 소통에 문제가 생긴다. 물론, 여기서 다루고 싶은 부분은 마이크나 스피커의 사양과 품질 문제가 아니라, 온라인과 비대면 환경에 대한 이해를 전제로 한 음성 정보와 청각 정보를 전달하는 시스템 이용에 대한 논의이다. 앞서 이야기한 김상남의 연구 데이터 중 교수자의 목소리가 잘 안 들리거나, 말이 너무 빠르거나, 기기에서 불필요한 소음이 나는 경우에 집중력이 떨어졌다는 응답은 비단 이 연구에서만 나타난 결과는 아니다. 다수의 조사와 보고에서 일방적 말하기 형태의 온라인 강의에서 교육생의 만족도가 떨어졌다. 앞서 녹화된 방식을 선호한다고 말한 여러 이유 중 하나도 다시 돌려 보거나, 필요한 부분만 반복 시청과 청취가 가능하기 때문이다.

마이크를 다루면서 인체의 신비에 놀라고는 한다. 보통 수준의 청력을 가진 사람은 한 공간에서 여러 명이 대화를 나눌 때 크게 불편함을 느끼지 않는다. 그러나 이런 음성 신호가 온라인에서 마이크를 타면 증폭되고, 다양한 소리가 겹치면 예민하게 느껴질 수 있다. 방송에서 출연자들이 동시에 말했을 때 '오디오가 겹친다'라고 표현하는 것이 이런 상황이다. 또한, 대면해서 이야기할 때는 음성 정보 외에 말의 내용을 미루어 짐작하게 하는 '맥락 정보'가 있다. 발화자의 표정과 시선, 제스처, 상황 등이 음성 정보를 뒷받침해 말의 뜻을 보조하고 의미를 풍부하게 하는 것이다. 그러나 여러 명이 참가한 온라인 회의에서 일정한 칸에 맞춰 얼굴 정도만 보이는 상황에서는 맥락 정보를 읽어 내기가 쉽지 않다. 이러한 이유로, 요즘에는 마이크로 전달되는 음성 신호를 제어하기 위해 발화자 외에는 마이크를 끄거나, 아예 마이크를 끈 상태로 설정해 두고 시작하기도 한다. 단순히 기계의 하울링과 울림 때문이 아니라, 잡음을 소거하기 위해서이다.

차라리 마이크가 꺼졌으면 좋았을 아찔한 상황들

대면해서 일상적인 이야기를 나눌 때는 특별한 장치가 필요치 않지만, 비대면 상황에서는 눈 역할을 하는 카메라와 입 역할을 하는 마이크가 필요하다. 그리고 영상이라면 문제 상황을 즉각 알아채 개선할 수 있는 반면, 오디오뿐이라면 문제 상황이 그대로 전송되어 사고 수습이 쉽지 않다. 크고 작은 실수로 아찔한 상황이 펼쳐지는 이유이며, 당사자는 안타깝기 그지없다.

2020년 상반기에 한 관공서에서 주최한 온라인 연수에서 일어난 일이다. '언택트 교수법'이라는 주제의 릴레이 강연이었는데, 참석자들이 미리 안내 받은 URL에 접속해 강연을 기다리고 있는 상황이었다. 그런데 문제는 주최 측이 별다른 안내 없이 오디오를 송출하고 있는 것이었다. 이를 인지하지 못한 강연자는 납득할 수 없는 무례한 말을 이어 나갔다. 참석자들의 닉네임을 하나씩 호명하며 '이름이 특이하다, 닉네임이 웃기다' 등의 말을 한 것이다. 게다가 주최 측 담당자에게 "교육생 이름이 한번에 안 보이잖아요? 그러면 제가 질문할 때 어떻게 호명하죠? 여성인지 남성인지도 모르는데 어떻게 구분하냐고요! 화면으로 준비한 자료를 보여 줘야 하는데 이렇게 안 보이면 제가 집에서 접속한 것과 다름없잖아요!"라며 강하게 다그치는 내용도 여과 없이 흘러 나왔다. 이런 말을 가만히 듣고 있어야 하는 참석자는 얼마나 불쾌했을까. 기본적인 예의를 갖추지 못한 강연자와 그런 강연자를 섭외한 기관, 온라인상에 모인 수많은 사람에게 해당 온라인 강연에 대한 첫인상은 최악이었을 것이다. 화면을 제때 켰더라면, 마이크가 켜진 것을 알 수 있는 도구가 있었더라면 하는 아쉬움이 남는다. 이렇게 비대면 상황에서 이미 엎질러진 물은 주워 담을 수도 없고 뼈아픈 추억이 된다.

들리냐 안들리냐 그것이 문제로다

마이크 테스트는 매우 중요하다. 마이크가 켜져야 할 때에 정상적으로 켜졌는지, 잡음이 들어가지는 않는지, 적절한 크기로 증폭되었는지 확인해야 제대로 된 회의를 할 수 있기 때문이다. 온라인 회의를 준비할 때는 신경 쓸 게 정말 많다. 접속한 사람에게 일일이 물어 봐서 체크할 수도 없고, 시간은 제한되어 있으니 답답하기도 하다. 한 대학의 강사는 토론 수업 전에 마이크 테스트 시간을 따로 내야 해서 정작 수업은 빠듯하게 진행된다고 불만을 토로하기도 했다. 참여한 학생들의 마이크를 테스트하기 위해 일일이 자기소개를 시켜야 한다는 것이다. 학생마다 "○○과 ○○○입니다."라고 말하는 것만으로 10분이 소진된다.

그렇다면 어떻게 해야 물 흐르듯 자연스럽게 마이크를 테스트할 수 있을까? 국립대학교 A 부서장의 노련한 마이크 테스트 기술을 벤치마킹 해 보자. 2020년 1월 중순에 코로나19 첫 환자가 발생한 후 다양한 곳에서 코로나 비상 대책 회의가 열렸다. 처음에는 대면해서 회의를 진행했지만, 사회적 거리두기가 격상되면서 모든 회의가 온라인으로 대체되던 시기였다. 이에 A 부서장은 마이크 때문에 불편한 상황이 반복되는 걸 알았다. 일단 접속자들마다의 상황이 다르고, 때로는 주변 기기의 결함 때문에 회의가 지연되기도 했다. 잘 들리지 않으면 헤드셋을 교체하거나 마이크에 가까이 대고 말하는 등 저마다의 노력을 기울였지만 쉽게 해결되지는 않았다. 그래서 A 부서장은 그야말로 온(溫)택트적 방법으로, 참석자의 이름과 직함을 부르고 스몰토크를 주고받으며 직접 마이크를 확인했다. "강 과장님, 잘 들리시죠? 일주일 만에 뵙습니다. 마이크 잘 들리십니까? 미리 접속한 분들께 인사 한 마디 해 주시죠." 이런 식으로 강 과장의 마이크 테스트가 끝나면, 또 다른 참석자를 불러 인사를 나눴다. "주 팀장님, 오랜만에 오셨네요. 지난 회의 때는 못 뵈었네요. 어서 오세요." 하는 식으로 말이다. 이렇게 인사하면 마이크 테스트도 되고, 분위기도 부드러워진다.

그 뒤 실제로 마이크로 인해 회의가 지연되는 상황이 현저히 줄었고, 조금 더 호의적이고 긍정적인 분위기로 회의가 진행되었다. 그러므로 마이크의 성능을 따지기보다, 기본적인 '들리느냐, 들리지 않느냐'를 확인하는 게 우선이다.

02

Education_

온택트 시대의 교육 키워드는 '경험의 확장'

우리나라의 교육 형태와 방식은, 정보통신이 기술이 발달하고 이러닝(electronic-learning) 개념이 도입된 1990년대 말부터 조금씩 변화하기 시작했다. 기존 교육이 일방향성, 상대적 폐쇄성, 집합성, 주입식의 성격을 띄었다면, 동영상과 웹을 기반으로 한 이러닝은 다양한 교수법의 시도와 학습자의 다양한 학습적 경험을 불러일으켰다. 즉, 이러닝을 통해 '교육의 경험(experience)이 확장(extend)'되었다고 볼 수 있다.

이주호 아시아교육협회 이사장은 매일경제에 〈굳건하던 대학 서열, 파괴의 시간이 왔다〉라는 칼럼을 통해 무크(MOOC, 공개 온라인 강좌) 버블의 붕괴에 대해 언급했다. 무크는 2012년 하버드대학교와 스탠퍼드대학교 교수의 유명 강의를 누구나 들을 수 있게 하는 혁신적인 시도였다. 그러나 무크를 수강하는 학생들이 수업을 끝까지 이수하지 않는 문제가 발생했고, 미국의 대학은 이를 해결하지 못한 채 여러 가지 숙제를 남겼다. 이에 이주호 이사장은 칼럼을 통해 무크 버블 붕괴의 원인으로 '능동적인 학습과 학생 중심의 수업 설계에 관한 학습 과학, 대학의 LMS, 온라인 교육의 발전, CTL(교수학습지원센터)와 같은 대학의 학습 혁신 조직 등 미국 대학에서 그간 이루어온 교육 혁신의 결과를 무시했기 때문'으로 보고, "무크 버블은 미국 대학들이 어떻게 가르칠지를 근본적으로 바꾸는 학습 혁신에 큰 관심을 갖는 계기가 되었고, 결과적으로 2012년은 미국 대학 교육 변화의 변곡점이 되었다. 이에 무크는, 그간 이루어온 학습 과학의 원칙과 LMS를 적용하고, 대학의 CTL과 협력하여 2016년 기준, 700개 대학에서 학생 5,800만 명이 수강할 정도가 되었다."라고 말했다.

우리나라도 코로나19로 인해 비대면 교육 수요가 증가하면서, K무크 이용자가 크게 늘었다. 교육부는 K무크의 신규 회원은 전년 대비 58% 증가한 23만 4,000명, 수강 신청 건수는 전년 대비 33% 증가한 52만 2,000건으로 집계했다.

코로나19가 교육 혁신의 기폭제가 된 것은 사실이다. 떠밀리듯 시작된 비대면 교육이지만 기술이 뒷받침되어 있던 우리나라의 온라인 교육 발전 속도에 가속도가 붙은 모양새다. 코로나19로 등교와 원격 수업 병행이 불가피한 가운데 교육부가 발표한 2021년 업무 계획에도 '교육 경험의 확장'이 포함되어 있다. 원격 수업의 질을 높이고, 안정된 인프라 구축에 힘쓰겠다는 내용이다.

구체적으로는 2021년 상반기 내에 초중고 약 25만 개의 일반 교실에 기가급 무선망을 구축하고, 교사가 손쉽게 수업 자료를 만들 수 있는 플랫폼을 마련하겠다고 밝혔으며, 교사와 학생 간 쌍방향 소통을 확대하고, 학교에서 편리하게 화상 수업을 할 수 있도록 'e 학습터'와 'EBS 온라인클래스'에 화상 수업 서비스를 전면 개통하기로 했다. 또한 원격 수업에 맞는 탄력적인 교육 과정 운영 기준을 마련하고, '원격교육 기본법'을 제정해 시대에 맞는 교육을 위한 혁신을 꾀하겠다고 밝혔다. 사회 전체의 비대면 교육 패러다임 정착을 위한 준비 조건이 갖춰지는 셈이다. 여기에 학습자와 교수자가 온라인 교육의 적극적인 참여와 커뮤니케이션 능력을 함양한다면 K무크를 넘어 K에듀케이션도 선도할 수 있을 것이다.

03

Eye contact_
온라인 툴에서의 특별한 눈맞춤

웹캠은 모두 '원 테이크 숏'이다

영상으로 전해지는 모든 것은 몰입과 지루함, 혹은 그 사이 어딘가에 존재한다. 화면으로 최대 몰입감을 느낄 수 있는 콘텐츠는 단연 '영화'이다. 2020년 아카데미 시상식에서 촬영상을 수상한 〈1917〉은 독특한 촬영 기법을 선보인 걸로 유명하다. 바로 '원 컨티뉴어스 숏(One Countinuous Shot) 기법'이다. 여러 장면을 한 장면처럼 이어붙인 기법으로, 샘 멘더스 감독은 무려 4개월에 걸친 리허설 기간을 거쳐 배우들의 보폭까지 계산해 동선을 짜 촬영한 것으로 알려져 있다. 〈라라랜드〉의 오프닝, 도로 위의 합창 장면도 3개의 컷을 이어 붙여 만든 장면이다. 편집 기술이 빛을 발하는 기법으로도 볼 수 있다. 이와 반대의 기법은 바로 '원 테이크 숏(One take Shot)'이다. 우리나라 영화 〈올드보이〉에서 장도리를 들고 싸우는 3분가량의 액션 장면과 〈라라랜드〉에서 남녀 주인공이 'A Lovely Night'에 맞춰 춤추는 장면이 유명한 원 테이크 숏으로 꼽힌다. 모두 몰입감을 위해 마치 무대 위 연극처럼 편집 없이 한번에 촬영한 장면이다.

우리가 온라인 회의 때 사용하는 컷은 당연히 편집 없이 전송되는 '원 테이크 숏'으로 볼 수 있다. 몰입감을 줄 수 있으리라는 기대는 애초에 무리수이다. 그럼에도 불구하고, 굳이 영화 〈1917〉을 거론한 것은, 영화에서는 잠깐의 장면이라도 몰입감을 위해 많은 노력을 기울인다는 점을 강조하고 싶어서이다. 어떠한 노력도 없이 비대면 소통 상황에서 상대방이 나에게 몰입해 주기를 바라는 건 욕심이다. 바꿔 말하면, 화면 너머 마주한 상대방의 시선을 붙잡아 두려면 최소한의 조건을 갖춰야 한다는 말이다. 그리고 그 최소한의 노력이란 바로 '눈맞춤'이다.

비대면 상황에서의 아이 콘택트

말할 때는 사람의 눈을 바라보라는 말이 있다. 눈빛을 보면 상대방의 진실을 알 수 있다거나 마음을 움직일 수 있다고 말이다. 그러나 비대면 상황에서는 화면으로 다양한 정보가 함께 전해지기 때문에 상대방의 눈빛을 그대로 읽기가 어렵다. 화면 속 거리감이 심리적 거리감을 강화시켰다고 봐도 무방하다.

대면으로 사람을 만나 이야기하거나 회의하는 경우를 떠올려 보자. 일대일이라도 상대방의 눈만 계속 바라보며 이야기하기가 쉽지 않을 것이다. 빤히 바라보는 시선을 불편해하는 사람도 있으므로 보통은 상대방의 눈과 얼굴 전체를 보기도 하고, 셔츠의 깃을 보기도 하고, 제스처를 보기도 한다. 또는 상대방 주변의 어느 한 지점이나 주변에 있는 사물을 보며 이야기하기도 한다. 사람들이 담소를 나누는 것만 잠시 보아도 알 수 있다. 즉, 우리 눈은 말할 때 상대방의 눈을 뚫어져라 보지 않는다. 게다가 동양권에서는 예의가 아니라는 이유로 시선을 잠시 회피하기도 한다. 대면 상황도 이러한데, 비대면 상황이라면 말할 것도 없다. 비대면 커뮤니케이션에서 늘 등장하는 개념이 '아이 콘택트'임에도 불구하고 말이다. 그렇다면 비대면 커뮤니케이션에서의 아이 콘택트는 정확히 무얼 의미하고, 구체적으로는 어떻게 해야 하는 걸까?

비대면 상황에서의 눈맞춤은 단순히 상대방을 응시하는 게 아니라, 말하는 이의 의미를 이해하고 듣는 이의 집중도를 유추할 수 있는 의미 있는 눈맞춤을 말한다. 또한 말하는 이는 보통 응시 방향에 있어서 세 가지 형식을 취한다. 나를 비추는 카메라를 보거나, 화면 속 자신이나 상대방을 보거나, 둘 다 보지 않는 것이다. 이중 가장 자연스럽게 보이는 시선은 카메라를 보는 시선이다. 그러나 상대방의 표정이나 움직임을 바로 확인하기 어려우므로 일방적으로 말할 가능성이 높아진다. 또한 화면을 보고 말하면 신경 쓸 게 많아져 스트레스가 증가할 위험이 있고, 아무것도 보지 않고 말하는 것은 소통의 기본 원칙에도 어긋난다. 어쨌든 소통의 기본 원칙은 상대방의 눈을 바라보는 것이기 때문이다.

게다가 요즘에는 사회적 거리두기가 격상됨에 따라 마스크를 쓴 채 비대면 커뮤니케이션을 이어 가기도 한다. 그야말로 '마스크 커뮤니케이션 시대'라고 보아도 무방하다. 장시간 화면을 보며 눈의 피로를 느껴 좋은 웹캠과 블루라이트 차단 필름까지 구매하는 시기에, 마스크까지 쓰고 있으려니 불편한 게 이만저만이 아니다. 비대면 상황이라도 화자와 청자가 단독 공간에 있다면 마스크를 벗고 참여할 수 있지만, 주변에 사람이 있는 곳이라면 마스크를 써야만 한다. 서로 알고 지내던 사이라면 눈만 봐도 알아볼 수 있지만, 처음 보는 사람이라면 마스크를 쓴 채 일일이 서로를 확인해야만 한다. 눈맞춤이 더욱 중요해졌다고 볼 수도 있겠다.

다리는 편하고 눈은 피곤한 비대면 강의

다수의 교육생을 모아 진행하는 강의도 비대면 형태로 전환해 진행하는 요즘이다. 2020년에 한 기관의 섭외로 나를 포함해 네 명의 강사가 각각 비대면 강의를 진행한 교육 프로그램이 있었다. 각자 강의가 끝난 후 로비에 모여 간단히 인사를 나누는데 한 강사가 "강사님, 오랜만입니다. 비대면 교육은 다리는 덜 아픈데 눈이 피로하네요."라고 했다. 그러자 다른 강사들도 웃으며 크게 공감하는 눈치였다. 그렇다. 우리는 그날 강의실에서 4시간 동안 줌을 통해 화면 속 교육생을 보며 강의했다. 아침 9시부터 꼬박 8시간을 사흘 연속으로 강의하는 강사 군단인데도 그날은 정말 피곤했다. 넷플릭스로 3시간짜리 영화 두 편을 거뜬히 보고, 4시간짜리 강의를 가뿐하게 진행하는 베테랑들인데도 말이다.

찾아보니 과학적 이유가 있었다. MBC 뉴스데스크의 〈왠지 더 피곤… 줌 스트레스 과학적 이유가 있다〉라는 리포트에는 충북대학교 심리학과 정수근 교수의 인터뷰가 소개되어 있다. 흔히 그리드라고 표현하는 화면 위 칸을 통해 한꺼번에 많은 사람을 인식하는 게 힘들고, 자신의 얼굴이 지속적으로 노출된 상태로 상대방의 기분을 파악하는 게 어렵다 보니 뇌가 받는 부담이 커진다는 것이다. 게다가 자신의 얼굴을 의식하다 보면 주의를 빼앗겨 스트레스가 증가할 수 있으니 때로는 화면을 끄는 게 피로도 감소에 도움이 될 수 있다는 의견이다.

소수의 인원으로 회의한다거나 화면을 꺼도 되는 상황이라면 따라 해 봄 직하다. 그러나 화면을 끌 수 없는 상태도 많다. 발화자가 호스트인 경우에는 임의로 온라인 시스템을 조정하거나 설정값을 바꾸기가 쉽지 않고, 상대방의 동의를 받지 않고 끄는 것도 결례이기 때문이다. 그렇다면 화면을 끌 수 없을 때는 어떻게 해야 할까. 이것도 연습하면 심리적 부담을 덜 수 있을까.

대학의 경우, 화면을 계속 켜 두는 것에 대한 불편함을 호소하는 학습자도 제법 있다. 그러나 화면을 끄면 교수자 입장에서는 학습자의 반응을 확인할 수가 없기에 화면을 끄는 것도 마땅치 않다. 이에, 어떤 대학 강사는 온라인 강의 시 피로도가 증가하면 모두 웹캠을 끄게 하고, 별도의 단체 채팅방이나 밴드 등을 이용해 접속을 확인한다고 한다. 아이 콘택트가 어려우면 다른 방법으로 콘택트해 '실시간 소통'하고 있다는 느낌을 주는 것이다.

시선 처리에 대한 웃지 못할 에피소드가 생각난다. 예전에 한 특강에서 특강 증빙용 사진이 필요해서 담당자가 웹캠의 캡처 기능으로 현장을 담았는데, 모두 PC를 보느라 조는 것처럼 나온 것이다. 그래서 우리는 수업 전에 모두 카메라 렌즈를 보며 '증빙용 캡처 사진'을 찍는 시간을 따로 가졌다. 처음 보는 사람들과 단체 사진이라니! 그만큼 비대면 소통을 위한 눈맞춤에도 n 가지 상황이 있다.

얼짱 각도는 잊어라

"턱을 약간 내리고 말씀해 주시겠습니까?"
"고개를 약간 들고 말씀해 주시기 바랍니다."

면접관에게 이런 말을 듣는다면 얼마나 당황스러울까. 온라인 화상 면접을 보면, 지원자마다 고유의 습관이 보인다. 이를테면, 한 쪽 고개를 기울인 채 말하는 사람, 눈썹을 반복해 올렸다 내리면서 말하는 사람, 턱을 세우고 말하는 사람 등이다. 여기에 고개를 푹 숙이고 말하는 것처럼 앵글을 잡는 사람도 많다. 웹캠을 높이 설치해 일명 '얼짱 각도'로 맞추는 것이다.

그러나 이렇게 하이 앵글로 비추면 얼굴이 달걀형으로 보일지는 몰라도 고개를 조금이라도 숙이거나 키보드에 시선을 고정하거나, 화면 하단의 시계를 보는 순간 상대방은 당신의 정수리만 보게 될 것이다. 얼짱 각도는 셀프카메라와 같은 정지된 사진에서는 통할지 몰라도 영상에서는 통하지 않는다. 얼굴과 시선을 고정된 각도로 유지할 자신이 없다면 이런 각도는 포기하시라. 소통이 우선이다.

대면 상황에서는 말하는 내 모습을 볼 수 없지만, 온라인 상황에서는 말하는 내 모습을 실시간으로 마주하게 된다. 네트워크 환경으로 인해 1~2초 정도의 시간차가 날 때는 정말 어색하기까지 하다. 아무리 털털한 사람이라도 화면 속에 자리한 자신의 모습을 전혀 의식하지 않을 수는 없다. 온라인 회의 플랫폼 시스코 웹엑스는 2020년 10월에 콘텐츠를 공유할 때 플로팅 패널을 사용해 화상 회의에 참석한 이들을 영상을 자신이 원하는 위치로 이동할 수 있는 기능을 업데이트했다. 화면을 바라볼 때 어색한 시선을 내가 통제할 수 있는 기능이 추가된 것이다.

특별한 경우가 아닌 이상, 화면 속 참가자들과 장시간 소통해야 한다면 웹캠의 각도를 미리 테스트하는 것이 좋다. 나는 익숙한 공간이 아닌 공간에서 화상 회의를 진행해야 할 경우, 반드시 방석을 챙긴다. 아날로그적 방법이지만 굉장히 유용하다. 의자의 높낮이 조절이 안 되는 의자를 써야 할 때 차에 있던 낮은 방석을 급히 가져와 쓴 게 시작이었다. 앉은키가 작은 사람에게 굉장히 유용할 것이며, 앞서 말한 정수리가 주로 보이는 상황도 방지할 수 있다.

카메라는 곧 상대방의 눈

만약 비대면 커뮤니케이션 경험이 많지 않은 사람이라면 반드시 연결과 소통의 매개체가 되는 카메라의 거리와 각도를 살피길 바란다. 카메라 앞에 있는 사람과 카메라 너머에 있는 사람 사이에는 여러 가지 경우의 수가 생긴다. 가장 기본적인 원칙은 카메라를 시선과 같거나 높게 설치하는 것이다.

방송사 카메라에는 '탈리'라는 빨간 불빛이 있다. 카메라가 켜져 있을 때 들어오는 불빛인데, 이 탈리는 보통 피사체를 비추는 앵글보다 조금 위에 있다. 처음 카메라 앞에 선 사람이 있을 때, 카메라 감독은 탈리를 바라보라고 요구한다. 물론, 베테랑 방송인은 탈리를 보지 않고도 기가 막히게 어느 카메라가 나를 비추고 있는지 알아내 옆모습을 보여 줄지, 정면을 보여줄지를 계산하며 방송을 한다.

그런데 안타깝게도, 웹캠에는 탈리가 없다. 그저 계속 비출 뿐이다. 방송이 아닌, 모두 앉아서 진행하는 온라인 회의 상황 속으로 들어가 보자. 카메라를 보는 이와 화면 건너에서 참여한 이 모두에게 가장 편한 시선은 눈높이보다 살짝 높은 위치이다. 그러므로 웹캠은 내가 고개를 들어 정면을 바라봤을 때, 내가 바라 본 정면보다 살짝 높은 위치에 설치하는 게 좋다. PC에 웹캠이 고정되어 있다면 본체의 단을 조정하고, 별도의 거치대나 단행본 서너 권을 쌓아 높이를 조절하면 좋다. 그런데 이렇게 단을 쌓으면 시선은 알맞게 바라보듯 조정이 되지만, 키보드 사용은 조금 불편할 수 있다. 이럴 경우에는 별도의 usb 케이블을 연결해서 보조 키보드를 사용하는 것도 추천한다. 키보드를 별도로 연결해 사용하면, 화면을 비추는 적정한 거리 설정에도 도움이 된다.

별도의 카메라를 설치한다면, 카메라를 정면에서 살짝 높게 설치하자. 그래야 상대방을 내려다보는 각도를 피할 수 있다. 카메라의 설치 거리는 PC의 키보드에서 한 뼘 정도 멀리 두는 것이 안정적이다. PC와 카메라의 광각 사양에 따라 다르긴 하지만, 강연장이나 회의장에서 여러 사람을 컨설팅하며 다양한 기종의 PC를 두루 적용해 보았을 때 가장 불편함이 없는 거리였다. 그리고 카메라에 노트북이나 데스크 탑이 나의 상반신을 가리지 않도록 나의 시선보다 약간 위에서 비추도록 하는 것이 실제 연결되었을 때 안정적으로 보인다. 이 안정감은 상대방을 위한 것이기도 하지만, 나의 시선 처리를 위해서도 중요하다.

아이 콘택트 연습하기

"사람 얼굴을 계속 보면서 말하는 게 이렇게 힘든지 몰랐어요."
"카메라를 보고 계속 말하는 게 이렇게 어색한지 처음 느꼈어요."

첫 번째는 강의 10년 차 강사가 비대면 강의를 처음 해 보고 나서 한 말이고, 두 번째는 구독자 10만 명이 넘는 채널을 운영하는 유튜버가 비대면 강의를 하고 나서 한 말이다. 베테랑일 것 같은 사람들이 왜 이렇게 힘들어할까를 미루어 짐작해 보면, 쉬울 것 같아 '시도했다가' 기대에 미치지 못한 자신의 모습 때문이리라. 베테랑도 이러한데, 평소 상대방의 눈을 바라보는 걸 쑥스러워하는 사람이거나 사람과의 대화를 어려워하는 사람이라면 어떨까.

나는 12년째 대학교와 기관에서 취업 준비생을 대상으로 프레젠테이션과 면접 스피치를 강의하는 사람이다. 10년 전만 해도 모의 면접을 녹화해서 살펴보는 방식은 흔치 않았다. 그런데 그때나 지금이나 녹화된 자신의 모습을 보고 가장 많이 하는 말이 "제 표정이 저렇게 어색한지 몰랐어요.", "기분 좋게 말했다고 생각했는데 다시 보니 영… 표정이 굳어 있네요.", "눈동자를 저렇게 많이 굴리는지 몰랐어요. 불안해 보이네요."이다. 주로 자신의 표정이나 눈동자의 움직임 등의 시각 정보에 대한 이야기가 많다. 그리고 어떻게든 잘못된 습관을 빨리 고치고자 한다. 이때 내가 가장 많이 해 주는 조언은, 그저 많이 녹화해서 자신의 모습을 모니터링하라는 것이다. 그리고 특정 시간대를 정해 놓고 바짝 연습하지 말고, 집을 나서기 전 현관에 있는 거울을 보고, 식사 후 양치질하러 들어간 화장실의 거울을 보고, 잠들기 전 내일 입을 옷을 챙기며 전신 거울을 보고, 엘리베이터에 아무도 없을 때 한쪽 벽을 보고, 지하철을 기다리며 스크린 도어를 보고 연습하라고 한다. 눈치채셨는가? 그렇다. 방법이 없다. 익숙해질 때까지 연습하라는 이야기다.

사람은 원래 자신을 꽤 괜찮은 사람이라고 착각하며 산다. 그리고 더 멋지고 아름답고 유능한 사람이 되길 원한다. 그러다가 결정적인 순간에 자신의 기대치에 못 미치는 모습을 볼 때 딱 두 가지 반응이 나온다. 좌절의 나락으로 빠지거나, 좌절을 탁구공처럼 튕겨내고 어떻게든 개선하고자 노력하거나. 시각적으로 보이는 불편한 습관은 놀랍게도 인지하는 순간 바로 개선된다. 단 몇 번의 연습으로 바뀌는 사람을 많이 보았다. 그들에게 제시한 해결책은 앞서 말한 두 가지뿐이다. 자신을 알 것과 자주 연습할 것.

2019년부터 예비 창업자와 3년 이내 창업자를 대상으로 경기도 경제과학진흥원에서 IR 피칭 말하기에 대해 강의하고 있다. 강의 후 가장 많이 받은 질문은 '시선을 어디에 두어야 하는가'이다. 극히 드물게 나오던 시선 처리에 대한 질문이 코로나19 이후 가장 자주 받는 질문으로 바뀌었다. 그렇다면 온라인에서 어떻게 아이 콘택트 해야 말하는 이와 듣는 이 모두 자연스러울까?

첫째, 첫인사와 끝인사만큼은 나를 비추는 카메라의 렌즈를 보며 하자. 이렇게 하면 상대방은 당신이 실제로 자신을 바라보며 말하고 있다는 인상을 받을 수 있다. 이 부분은 몇 번의 연습으로 익숙해질 수 있는데, 일대일이나 열 명 내외의 일대다일 경우에는 정말 중요하며, 나를 상반신 위주로 비추는 각도라면 더욱 그렇다. 둘째, 첫인사 후 자료를 공유해야 한다면, 자료를 함께 보면서 이어가겠다는 리드 멘트를 하자. 같은 문장이지만 다른 시선으로 설정된 예시 문장과 지문을 보자.

예1) 화면을 보며 말하는 경우

> 안녕하세요. 오늘 스피치 컨설팅을 의뢰해 주신 새봄 커뮤니케이션 대표 강은하입니다. 보내 드린 스피치 분석표를 함께 보면서 말씀드리겠습니다. 화면에 띄운 자료는 ○○○ 님의 스피치 진단표인데요.

예2) 카메라와 화면을 번갈아 보며 말하는 경우

> (카메라를 보며)
> "안녕하세요. 오늘 스피치 컨설팅 의뢰해 주신 새봄 커뮤니케이션 대표 강은하입니다."
>
> (화면를 보며)
> "보내 드린 스피치 분석표 같이 보면서 말씀드리겠습니다."

(다시 카메라를 보며)
"화면 공유해서 자료 띄우겠습니다."

(화면 속 자료를 보며)
"화면에 띄운 자료는 ○○○ 님의 스피치 진단표인데요."

예1)처럼 말해도 말은 된다. 네트워크가 끊기지 않고 말하는 이의 발음이 정확하다면 어려운 내용은 아니니 누구나 이해할 수 있다. 그러나 듣는 이가 친절함을 느끼거나 상세하게 설명해 준다는 느낌을 받기는 어렵다. 예2)는 첫인사를 나눌 때는 카메라를 보며 상대를 바라보는 느낌으로 아이 콘택트 하고, 통성명 후 화면 속 상대방으로 시선을 옮겨 말했다. 자료를 화면에 공유해야 하는 행동의 변화가 있을 것을 안내하고, 상대의 동의를 구하기 위한 시선이다. 연극 대본처럼 꼭 이렇게 할 필요는 없지만 두 가지 경우를 녹화해서 비교해 보라. 아이 콘택트에 신경 쓰며 말하는 경우와 그렇지 않은 경우의 차이가 크게 느껴질 것이다. 그만큼 시선은 매우 중요하다. 시선 처리는 말의 전달력을 강화하는 보조 수단이 되기도 하지만 때로는 전부가 되기도 한다.

상대와 대화한다는 느낌을 주기 위해 시선을 처리하고, 시선을 연출하는 게 비대면 커뮤니케이션이다. 다만, 시선 처리를 기계적으로 하면 오히려 어색해진다. 제일 중요한 건 자연스러움이다. 연습으로 자연스러움을 장착하자. 시선이나 행동을 바꿀 때 카메라를 보고 동의를 구하는 것은 운전할 때 방향 지시등을 켜는 것과 같다. 비대면 상황에는 두 가지 공간이 존재한다. 나와 상대방 각자의 공간과 서로가 마주한 온라인 공간이 그것이다. 우리는 아이 콘택트를 통해 두 공간이 하나의 공간처럼 느껴지도록 해야 한다. 관계를 좁히는 노력이라 해도 될 것이다.

눈의 움직임을 보면 상대방의 마음을 알 수 있다?

미국의 보디랭귀지 연구의 대가 앨런 피즈와 바바라 피즈는 영업을 위한 상담이나 모의 면접 자리에서 상대의 눈에서 시선을 떼지 말라고 강조하는 사람들을 지적했다. 실제로 사람을 만났을 때는 눈뿐 아니라 그 사람의 전체적인 모습을 보기 때문이다. 신체의 일부분을 보기도 하고, 옷의 디자인이나 분위기, 심지어 구두 뒤축을 보는 사람도 있다.

그런데 비대면 상황에서는 이 모든 일이 불가능하다. 눈을 둘 곳이라고는 화면에 비치는 상대방이 전부이기 때문이다. 상반신 전체 혹은 상반신 일부만 보이는 화면에서 어디에 눈을 둬야 할 지 모르는 상황에 아이 콘택트는 부담스럽기 그지없으며, 화면을 꺼 둘 수 없는 경우에는 부담이 증가한다. 앨런 피즈와 바바라 피즈는 미국의 심리학자 그라인더와 밴들러의 연구 '신경 언어학적 프로그래밍(NLP)'를 소개하면서 눈의 움직임을 보면 어떤 생각을 알 수 있다고 했다. 예를 들어, 본 것을 떠올릴 때 우리는 주로 눈동자를 위쪽으로 이동시킨다. 또한, 들었던 소리를 떠올릴 때는 눈동자가 귀 쪽으로 움직이며, 느낌이나 감정을 떠올릴 때는 왼쪽 아래를 내려다본다. 물론 이러한 시선의 방향은 눈 깜짝할 사이에 지나가고, 다른 제스처와 함께하기 때문에 상대가 쉽게 알아채기는 힘들다.

그리고 35%의 사람은 시각 정보 유형의 사람이라서 "무슨 말인지 떠오릅니다. 방금 머릿속에 그 장면이 스쳐지나갔어요."처럼 말할 때도 시각과 관련한 어휘를 자주 쓰며, 25%의 사람은 청각 유형이라서 "틀린 소리는 아닙니다, 잘 알아들었습니다."와 같은 청각과 관련한 어휘를 쓴다. 40%는 촉각 유형의 사람으로 "무슨 말인지 감이 안 잡히네요, 머리를 굴려 굴려 봅시다."와 같은 어휘를 쓴다. 온라인 커뮤니케이션 상황에서 조금이라도 상대의 의중을 짐작하며 원활한 소통을 이어가고 싶다면, 눈의 움직임과 감각에 대한 어휘 사용을 살피자. 제한된 정보 속에서 상대방의 의중을 알 수 있는 방법이다.

비대면 커뮤케이션에서 중요한 것은 '커뮤니케이션'

온라인 커뮤니케이션 시 카메라 뒤편에 말할 내용을 붙여 두고 프롬포터처럼 읽거나 보는 사람이 있다. 이런 경우 눈동자가 계속 왼쪽에서 오른쪽으로 같은 템포로 움직이게 되는데, 상대방에게는 매우 어색하게 느껴질 수 있다. 대화하는 게 아니라 뭔가 읽는다는 느낌을 주기 때문이다. 나는 추천하지 않는 방법이기도 하다. 주요 키워드나 큐시트 정도를 붙여 두고 참고할 수는 있지만 문장 전체를 써서 카메라 뒤편에 붙여 두는 건 바람직하지 않다.

비대면에 방점을 찍는 게 아니라 커뮤니케이션과 소통에 방점을 찍어야 한다. 소통은 흐름이고 주고받는 것이다. 일방적으로 내가 전해야 할 내용을 절대로 틀리지 않고 말해야겠다는 강박관념에 커닝페이퍼가 필요한 사람은 소통에 대한 기본자세가 되어 있지 않다고 볼 수 있다.

일대일 멘토링이나 업무상 여러 명이 참석하는 온라인 커뮤니케이션 시 카메라를 켜지 않아도 되는 경우가 있다. 그런데 동의를 얻지 않고 카메라를 끄면 오해가 생길 수 있고, 끈 채 오랜 시간이 지나면 존재가 잊혀지는 수가 있다. 온라인 도구에 따라 화면에 이름만 띄울 수도 있는데, 이 또한 참여 인원이 많으면 그리드에 숫자가 많아져 구분이 쉽지 않다.

얼마 전 한 기관으로부터 예비 스타트업 대표들을 대상으로 한 비대면 멘토링을 의뢰 받은 적이 있다. 처음 의뢰 받은 기관인데다 온라인 진행이라 걱정이었는데, 담당자가 컨설팅 내내 참관하기까지 하니 부담스럽기 그지없었다. 이런 상황은 사실 모두에게 부담이다. 나는 담당자에게 멘토링 시작과 마무리 때 인사만 하고 카메라와 마이크를 꺼 달라고 부탁하고, 대상자가 프레젠테이션 시 시선을 뺏기거나 동요하지 않도록 했다. 이후 멘티인 대상자는 교육 내내 편안한 분위기에서 자유롭게 질의하고, 자신의 부족한 점을 가감 없이 말할 수 있었다. 결과적으로도 비대면이라 큰 기대 없이 참여한 멘토링이었지만 큰 도움을 받았다는 피드백도 받았고, 특히 곧 있을 스타트업 대상 비대면 IR 발표 평가를 위한 준비를 구체적으로 할 수 있었다는 대상자의 피드백은 대면과 같은 효과를 거두기 위해 준비했던 내 노력이 통한 것 같아 기뻤다. 비대면 커뮤니케이션에서 비대면보다 커뮤니케이션에 방점이 찍힌 순간이었다.

피해야 할 앵글

화면 속에서 만나는 나를 가장 편하게 마주할 수 있는 앵글이 따로 있을까? 툴에 따라 다르지만 보통은 참여 인원에 따라 화면 나눔 칸의 크기가 달라지고, 화면 속 호스트가 일방적으로 말하는 강연이나 강의의 경우는 아예 호스트를 비추는 화면을 가장 크게 넣어 고정하기도 한다.

앵글에 관련한 재미있는 에피소드가 있다. 2020년 상반기에 한국생산성본부의 의뢰로 스타트업 IR 피칭을 개인 코칭하게 되었다. 이전 같으면 대면 집합 강의로 한 회에 끝낼 수 있는 강의였지만, 비대면으로 전환되면서 줌을 이용한 개별 컨설팅으로 바뀌었다. 구체적으로는 코칭할 스타트업 대표들을 줌으로 1시간씩 만나, 프레젠테이션을 보고 장점과 개선할 점, 정부지원금에 도전할 디데이까지 개별 맞춤 코칭하는 식이었다. 그런데 둘째 날 온라인 회의실에 접속해야 할 교육생이 입장하지 않았다. 10분쯤 지나자 교육생에게 전화가 왔다. 출장을 갔다가 복귀하는 중인데 고속도로의 차가 너무 막힌다며 휴게소에서 접속해도 되겠느냐는 것이다. 어쩔 수 없는 상황임에도 최선을 다해 코칭을 받으려는 교육생의 전화를 받으니 안심이 되기도 하고, 나도 열심히 코칭해야겠다는 생각이 들었다. 그런데 접속한 화면 속 교육생을 본 순간 터져 나오는 웃음을 참느라 허벅지를 연신 꼬집어야만 했다. 핸드폰 거치대가 없는 상황에서 모바일로 접속하다 보니, 과도하게 얼굴이 클로즈업 된 것이다. 아마 그 교육생은 집이나 사무실에서 노트북으로 접속해 준비한 프레젠테이션을 한 후 본인의 장단점을 기탄없이 물어보려 했을 것이다. 그러나 앵글을 맞추려고 자동차의 대시보드 위에 핸드폰을 올리면 핸들만 보이고, 보조석 쪽 대시보드에 올리면 자꾸만 핸드폰이 떨어졌다. 웃기기도 하지만 불편한 상황이다. 결국은 다음 일정도 있고 교육생도 준비한 프레젠테이션을 제대로 발표하지 못할 것 같아 다음으로 미뤘다. 20분나 늦어진 데다 남은 40분을 카메라 앵글과 시선처리에 대해서만 이야기할 수밖에 없었기 때문이다. 휴게소에 정차해 코칭을 받을 만큼 결단했지만, 아쉬운 시간으로 남았다.

1,700명이 할 말 하게 된 비대면 회의

화상으로 만나는 경험이 많아지면서 반응도 제각각이다. 어떤 사람은 일대일이라 부담스럽다고 하고, 어떤 사람은 사람들이 나를 보는 시선이 부담스럽다고 한다. 또 대면하지 않는 상황이라 편안하게 느낀다고 하거나 익명성을 보장 받는 것 같아 좋다고 하는 사람도 있다. 이런 반응 속에서 화상 회의에 임직원 전체가 모인다고 하면 어떨까?

KT는 팀장급 이상 임직원 전체가 온라인으로 화상 회의를 진행했다. 모인 인원만 무려 1,700명이다. KT가 이용한 화상 회의 도구는 마이크로소프트 사의 '팀즈'로, 구현모 KT 대표가 참여한 가운데 각 부서 보고 발표와 강연, 회의까지 2시간 넘게 이어졌다. 회의에 참석한 KT의 P 팀장을 직접 전화 인터뷰한 내용을 정리해 보았다.

강: 안녕하세요. 최근 1,700명이 한번에 모인 화상 회의가 화제입니다. 한번에 접속 가능한 인원수가 꽤 많네요?

P 팀장: 네. 저희 KT는 라이브 이벤트로 방송 송출 시스템을 갖추고 있어서 직원들이 어디에서나 모바일로 쉽게 접속할 수 있습니다.

강: 코로나19 이전의 대면 회의라면 이렇게 모두가 모이기는 어려웠겠죠?

P 팀장: 네. 전에는 대강당에서 200명 정도의 임원들만 모여 회의했습니다. 임원급 회의에서 나온 내용을 부서원들에게 전달하는 형식으로 진행되

었죠. KT의 직원이 약 2만 명이고, 그룹사를 모두 포함하면 약 6만 명인데요. 이번 기회로 회의 내용을 전달하는 방식에 있어서 큰 변화의 물꼬를 텄다고 생각합니다.

강: 네. 기사를 보니, 젊은 직원들의 반응이 꽤 좋았던 것으로 보이네요?

P 팀장: 그렇습니다. 1,700명이 비춰지는 화면을 구현모 대표가 마주보면서 회의를 이어 갔는데요. 평소에 임원이나 대표를 만나기 어렵지 않습니까? 조금 신기해하기도 하고, 예상보다 참여도 적극적이었습니다.

강: 1,700명의 사람들 속에서 눈치 보지 않고, 자유롭게 발언할 기회가 많았나요?

P 팀장: 네. 예상보다 회의가 길어질 만큼 직원들의 참여가 활발했습니다. 무엇보다 임원급 회의의 내용을 전달만 받다가 직접 각 팀과 부서에서 겪고 있는 문제나 구상하는 이야기를 전 직원이 모인 자리에서 의논할 수 있고, 대표의 피드백을 직접 들을 수 있으니 좋았다는 평입니다. 작년 화상 회의를 베타 테스트 겸 진행했을 때는 50명 정도가 모였는데, 이번에 모두 모일 수 있어서 더 의미가 있었다고 봅니다.

강: 네. 발언한 메시지가 현장에 있는 모두에게 그대로 전달되었겠습니다.

P 팀장: 그 부분이 가장 좋았습니다. 다른 부서의 의견을 들어 볼 수 있는 사실 귀하거든요. 이런 자리를 마련한 데는 대표가 직원들의 사실적인 의견을 귀담아듣겠다는 의지가 표명된 것으로도 볼 수 있지요. 앞으로도 화상

회의를 적극적으로 활용하려는 회사의 의지도 알 수 있었습니다.

강: 네. KT의 화상 회의에서 논의된 내용이 더 큰 발전으로 이어지기를 바랍니다. 감사합니다.

온라인을 통해 전 직원이 한 자리에 모인 것도 놀라운데, 그 많은 사람이 자유롭게 의견을 나누었다니 더 놀랍다. 경기장 크기의 강당에서 1,700명이 한자리에 모여 한 명씩 앞으로 나와 발언하거나 의견을 내는 것을 상상해 보라. 앞으로 걸어 나가면서 식은 땀을 흘리는 사람, 미리 내용을 메모해서 나가는 사람, 마이크를 잡자마자 할 말을 하얗게 잊은 사람, 더듬더듬 말하는 사람… 무대 공포증이 생길 만한 상황이다. 단 열 명만 모인 자리에서도 공식적으로 뭔가 말하려면 쉽지 않은데, 어떻게 KT 직원들은 온라인 화상 회의에서 '할 말을 다 하는' 시간을 가질 수 있었을까?

그 전에 일반 회의실에서 대면 회의하는 상황을 그려 보자. 실제로 임직원 코칭을 위해 회사를 방문한 적이 있는데, 사실 회의실의 구조와 좌석 배치만 보아도 조직 문화를 짐작할 수 있고, 그 짐작은 교육 현장에서 여실히 확인된다. 직급의 고하에 따라 좌석이 정해져 있다거나, 결정권자와 구성원과의 거리가 멀수록 조직 문화가 보수적이고 수직적인 편에 가깝다. 반면 원탁을 사용하는 회사는 수평적 문화가 형성되어 있는 편이다. 즉, 좌석의 배치는 기업의 의사 결정 시스템과 연관이 있다.

처음 만나는 사람을 대면할 때 앉는 위치에 따라서도 개방적인지 폐쇄적인지를 짐작하게 한다. 편하게 말하라고 하면서도 자리 배치가 그렇지 않다면 말과 행동이 다른 것이다. 예를 들어, 길게 뻗은 직사각형의 테이블로 안내한 뒤 방문자를 회의실 안쪽에 앉히고 자신이 문 쪽에 앉는다면 이는 십중팔구, 이 이야기의 결정권은 자신이 갖겠다는 선전포고다. 협조적인 위치는 따로 있다. 연인 관계나 친밀한 관계를 떠올려 보면, 보통은 테이블에 나란히 앉거나 모서리를 사이에 두고 가까이 앉기 마련이다.

다시 화상 회의로 돌아오자. 화상 회의를 하면 대부분 앉은 자리에서 정면을 바라보게 된다. 이렇게 정면으로 마주한 시선과 자세는 대등한 관계로 느껴진다. 상대가 나에게 적대적이라면 오로지 시선과 자세로 가늠할 수 있을 뿐이다.

온라인에서는 좌석 배치로 서열을 따지거나 갑을 관계를 설정할 수 없다. KT의 경우, 서열에 대한 관계 설정이 무너진 화면 속에서 1/n으로 만나는 대등한 시선이 자유롭게 발언하는 장을 만들었을 것이다. 조직 문화와 화상 회의에 관한 연구가 더 활발해지면 꼭 다시 확인해 보고 싶다. 보수적인 기업 문화를 가진 회사가 KT처럼 대규모 화상 회의를 갖는다면, 의사 결정 과정이 조금 더 개방적이고 유연해지지 않을까.

04

Talk style_

온라인 말하기에는 기술이 필요하다

온라인에서 말하기, 오프라인과 다를까요?

2020년 4월 기준, 한번에 최대 100명이 소통할 수 있는 SK텔레콤의 'T그룹통화' 이용자 수는 약 7만 명에 이르는 걸로 집계되었다. 2019년 12월 이용자보다 30%가 증가한 수치이다. 재택근무가 일상화되고 포스트 코로나에 적응하기 위한 일환으로 감지된 변화이다. 또한 IBK 기업은행은 2020년 상반기에 채용한 신입 행원을 대상으로 한 연수를 온·오프라인으로 병행해 진행했고, 동서발전은 올해 초 화상 회의 시스템으로 비대면 입사식을 치렀다.

2020년을 관통한 코로나19로 사회적 거리두기 단계가 격상될 때마다 온라인 활용도가 높아졌다. 나 또한 2020년부터 '온라인 일대일 교육, 온라인 일대다 교육, 비대면 현장 온라인 실시간 중계 행사, 비대면·온라인 면접 평가 심사, 온라인 성과 발표회, 온라인 프레젠테이션 대회' 등 다양한 온라인을 활용한 경험을 경험했다.

이에 국립대학교 사회공헌사업 기획 팀장 N 씨는 "비대면으로 진행하는 온라인 커뮤니케이션에는 대면 커뮤니케이션과 다른 소통의 기술이 필요하다는 것을 절실히 느낀 한 해였다."라고 밝혔다. 또한 지난해 줌과 카카오 영상 통화, 스카이프, 구글밋, 웹엑스와 같은 다양한 툴을 이용했던 크리에이티브 에이전시 S 사의 H 팀장은 "화상 미팅의 경우 스마트기기뿐 아니라 사람과 사람 사이에도 버퍼링이 존재하는 것 같습니다. 상대의 말을 차분하게 듣고 천천히 이야기하기보다 각자의 이야기를 하느라 오디오가 겹치는 경우가 많았거든요. 대면 상황처럼 크게 말하거나 톤을 높여 말할 경우 소음이 되는 상황도 있었고, 화면을 끄고 미팅할 경우 시간이 길어지면 상대방의 모습을 감지할 수 없어 분위기가 경직되기도 했습니다. 대면 회의였다면 자연스러운 움직임이나 제스처를 통해 상대의 의중을 가늠할 수 있을 텐데, 비대면 상황에서는 불가능함을 알았습니다. 어떨 때는 키보드와 마우스 소리만 남아 침묵만 흐를 때도 있었지요. 저는 여전히 비대면·온라인 환경에서 유용하게 쓸 수 있는 소통의 기술을 알고 싶습니다."라고 했다.

이렇게 많은 사람이 입을 모아 "막상 해 보니 온라인도 쉽지 않네요. 온라인 말하기와 오프라인 말하기가 달라야 할까요?"라고 묻는다. 2020년부터 지금까지 가장 많이 들었던 질문이다. 그러나 온라인에서 말하는 방식이나 유형이 따로 있다기보다 커뮤니케이션을 이루는 기본 요소인 송신자와 수신자 사이의 매개에 따라 예상치 못한 변수를 예상하고, 세밀하게 조율하는 맞춤형 준비가 필요해졌을 뿐이라고 말하고 싶다. 대면 강의에서 훨훨 날아다니는 강사가 첫 온라인 강의에서 진땀을 흘리거나, 베테랑 아나운서가 온라인 행사에서 청중의 댓글을 제때 전달 받지 못해 실력 발휘를 못했다는 에피소드는 온라인에서 말하기가 그만큼 어렵다는 말일 것이다.

다음은 유창하게 말하기보다 온라인 환경에 맞춰 말하는 방식에 대한 간단한 노하우이다. 다양한 사례를 보며 필요했던 부분을 찾아 적용해 보자. 오늘부터 하나씩 연습하면 몇 주 뒤 로그인해서 만나는 온라인 환경에서 사람들이 당신의 말에 조금 더 집중하기 시작할 것이다.

수업 중 목소리만 들려 준 교수님,
그 이유는 비대면이니까!

타산지석(他山之石)이다. SNS에서 본 안타까운 사례부터 소개한다. 후배들에게 새 학기에 들으면 좋을 전공과목을 추천하는 글에 한 대학생이 이렇게 댓글을 달았다. "○○○ 교수님 과목은 절대 결석 금지. 실시간 수업 못 들으면 책 읽어 주는 교수님 목소리를 2

시간 동안 들어야 함." 무슨 말일까 싶어 다른 댓글을 쭉 읽어 보니 사정은 이러했다.

때는 코로나19가 급격히 확산하던 2020년 1학기, 미처 비대면 수업을 결정하지 못하고 학교마다 개강을 연기하던 때였다. 그리고 ○○○ 교수님의 과목이 부랴부랴 비대면 수업으로 개설되었다. 그런데 비대면 수업이 미숙했는지 학생들의 불만족이 줄줄이 이어졌다. 실시간 화상 수업에 출석하지 않으면, 교수가 수업에 관한 음성 파일을 보내 주는데 실제 수업 내용이 아니라 전공 교재의 일부분을 오디오북처럼 낭독한 파일이라는 것이다. 해당 교수가 결석한 학생에게 줄 수 있는 최대한의 배려였을까, 아니면 실시간 수업을 녹화해서 업로드 하는 방법을 몰라서였을까. 그도 아니면 결석한 학생에게 주는 벌이였을까. 댓글 속 학생들의 성토는 한두 개로 끝나지 않았다. "부연 설명 없이 책을 낭독하는 파일을 왜 주시는지 모르겠다."부터 "이왕 읽으려면 잘 읽으셨으면 좋겠다. 정말 책만 계속 읽으신다."까지 다양했다. 그 내용을 보는 내내 안타까웠다. 물론, 오디오 파일을 듣는 시대이기는 하다. 그러나 전공 책을 그대로 읽어 내려간 파일 제공은 아쉽기만 하다.

앞서 언급했던 미국의 보디랭귀지 연구의 대가 앨런 피즈와 바바라 피즈는 '오직 말로만 된 정보를 수용하는 능력은 10%에 불과하다'라고 밝힌 미국의 와튼 연구를 예로 들며, e 정보를 뇌에 전달하는 감각 기관의 역할로 시각은 83%, 청각은 11%, 후각은 3%, 촉각과 미각은 각각 2%와 1%임을 밝히며, 말로만 전달하기보다 시각 정보를 더해 설명하면 50%의 수용 능력을 키울 수 있다고 설명했다. 전달할 정보에 시각 효과를 더하면 그렇지 않은 것보다 4배의 효과가 난다는 것이다. 또한 앨런 피즈와 바바라 피즈는 시각 자료가 없는 업무 회의 시 25.7분이 소요되는 반면, 시각 자료를 사용하면 18.6분으로 줄어든다는 사실을 밝혔다. 따라서 정보를 목소리로만 전달하는 교수자는 시각 자료를 함께 제공하는 약간의 정성을 보이면 좋을 것이다. 적절한 시각 자료에 음성 정보가 더해지면 학생의 학습 능력을 키울 수 있다.

온라인 속 당신은 투 머치 토커?

MBC의 예능 프로그램 〈전지적 참견 시점〉에서 개그맨 이승윤 씨가 '투 머치 토커(필요치 않은 정보를 쏟아내 말하는 사람)' 캐릭터로 웃음을 준 적이 있다. 이야기를 시작하는 서론이 너무 길어서 듣는 사람이 지치거나, 질문보다 너무 많은 정보를 담은 대답을 하거나, 장황한 설명으로 출연자들에게 타박 받는 장면이 연출되었다. 개그맨이고 예능인이라 그럴싸한 편집으로 웃음을 주는 캐릭터로 희화화되었지만, 사실 회사에서 이런 유형의 캐릭터라면 많이 곤란하다. 같은 공간에 이런 사람이 있다면 적당히 말을 자르거나, 자리를 뜰 수도 있겠다. 회피할 수 있는 적당한 핑계를 만들어서 말이다. 문제는 온라인 회의에서 이런 투 머치 토커를 만났을 때이다.

온라인 회의를 자주 진행하는 한 S 기업의 이야기이다. 이 기업은 온라인 회의 시 P 팀장을 제외하고 모든 팀원이 일제히 정시에 접속한다. 이유는 P 팀장이 꼭 해야 할 말뿐 아니라 신변잡기를 늘어놓기 때문이다. 보통 회의하게 되면 5~10분 전에 미리 접속해 회의를 준비하기 마련인데, P 팀장은 이 시간에 일장 연설을 했다. 본인의 업무 성과 자랑이나 새로 구매한 웹캠 같은 장비를 이야기하면서 시간을 떼웠다. 게다가 누군가가 한번 응수해 주면 틈틈이 회의와 상관없는 이야기를 해서 분위기를 흐려 놓았다. 결국, 이는 가뜩이나 온라인 회의가 많은 직원들에게 스트레스가 되었고, 직원들은 따로 메신저로 대화한 후 정시에 접속하게 되었다. P 팀장은 그저 말이 많은 사람이었을까, 아니면 회의 시작 전까지의 침묵을 어색해 하는 사람이었던 걸까? 아니면 특별한 이유가 있었을까?

사람들은 자기 이야기하는 것을 가장 좋아한다고?

하버드대학교의 제이슨 미첼 교수 연구팀은 사람들이 자기 이야기를 할 때 쾌감을 담당하는 뇌 회로가 활성화한다는 사실을 실험을 통해 알아냈다. 실험 방법은, 개인적인 취향을 묻는 질문과 타인에 관한 질문을 나눠 195개의 문항으로 정리한 뒤, 실험 참가자에게 질문 묶음을 선택하고, 문항마다 1~4센트까지 금액을 차등 배당했다. 즉, 어떤 질문을 선택하느냐에 따라 실험 참가자가 가질 수 있는 금액이 달라진다. 그리고 흥미롭게도 실험 참가자 중 상당수는

'자신과 관련한 질문'을 선택했다. 타인에 관한 질문을 고르면 20%의 금액을 더 배당 받을 수 있음에도 말이다. 즉, 사람은 기본적으로 자기 이야기하는 걸 좋아한다. P 팀장은 자신도 모르는 사이에 온라인 회의 시작 전, 그 짧은 시간을 업무 스트레스를 푸는 용도로 사용한 건 아닐까?

화법에 관련한 많은 책과 논문에서 강조하는 내용 중 빠지지 않는 것이 바로 '해야 할 말만 정확히 말하는 기술'이다. 그리고 이 기술은 혼자 말하는 시간이 길어질수록 발휘하기 힘들며, 온라인 상황에서는 더욱 뚜렷이 나타난다. 그러나 상황에 따라, 상대에 따라, 환경에 따라 여전히 어렵지만 방법은 분명 있다. 다음 예를 비교해 보자.

문장1)

> 사회적 거리두기로 인해 신입 사원 교육이나 직급별 교육, 직무 교육을 실시하지 못했던 기업들이 스마트러닝으로 전환하고 있습니다. 우리 회사의 주력 사업인 교육 분야에 대한 투자가 필요합니다. 미래 경쟁력을 확보하기 위해서라도 정부가 지원하고 있는 비대면 서비스 바우처 지원을 활용해 신사업 확장으로 연결하는 것을 논의해야 합니다.

문장2)

> 정부의 비대면 서비스 바우처 지원을 활용해 우리 회사 교육 분야 신사업 확장으로 연결해야 합니다. 많은 교육 기업들이 스마트러닝으로 전환하고 있습니다. 미래 경쟁력 확보를 위해서도 꼭 필요한 논의입니다.

문장2)는 해야 할 말이 모두 담겨 있으면서도 문장의 수와 수식어가 적다. 또한 말하고자 하는 핵심 주제를 문장의 첫머리에 배치해 깔끔하다. 구체적으로는, '정부의 비대면 서비스 바우처 지원을 활용해 우리 회사의 교육 분야 신사업 확장으로 연결해야 한다'라는 주장이 담겨 있고, '많은 교육 기업이 스마트러닝으로 전환하고 있다'라는 주장에 대한 근거를 들었으며, '미래 경쟁력 확보를 위해서도 꼭 필요하다'라는 주장을 지지하면서 강조하는 역할을 하는 문장을 사용했다.

자세히 말하기 위해 또는 어색한 분위기를 없애기 위해 불필요한 서론을 덧붙이는 경우가 있는데, 이는 달갑지 않은 상황이다. 대면 상황에서 환영 받지 못하는 방법은 비대면 상황에서도 사용하지 않아야 한다.

대기업인 S 사의 K 대리와 비대면 커뮤니케이션에 대해 인터뷰하며, '이 사람은 평소에 간결한 커뮤니케이션을 하겠구나. 주고받는 질문을 잘 이해하고, 명쾌하게 답하는 구나.'라고 느꼈는데, 사내 화상 회의에 대한 이야기를 들으며 그 이유를 유추할 수 있었다.

S 사는 카메라가 설치된 회의실이 있는데 여러 부서가 돌아가며 사용하다 보니, 예약도 치열하고, 사용 시간도 짧다고 했다. 그러다 보니 모두 자연스럽게 잡담과 논쟁을 줄이고 간결하게 말을 해 회의 시간을 줄였다는 것이다. 아마 K 대리뿐 아니라 S 사 직원 대부분 간결한 커뮤니케이션을 익숙하게 하고 있을 것으로 생각된다. 온라인 회의가 없던 시절, 회의를 위한 회의를 하던 시절에는 결정권자가 회의실을 더 사용하겠다고 하면 타 부서 사람들은 밖에서 대기해야 했다. 그러나 지금은 카메라가 설치된 회의실을 제시간에 이용해야 한다는 암묵적 규칙이 생겼으리라. 예전과 비교하면 환영할 일이다.

최고의 간결한 말하기는 두괄식 말하기

짧은 시간 내에 명확하게 전달하는 기술 중 '두괄식 말하기'는 눈이 시리고 귀가 따갑게 들었을 것이다. 그런데도 여전히 두괄식 말하기에 대한 연구가 진행되고, 책의 한 페이지를 차지하고 있는 걸 보면 두괄식으로 말하는 사람이 드물다는 말이다.

두괄식 말하기를 통해 간결하게 말하는 연습을 하고 싶다면, 평소에 핵심 문장부터 말하는 연습을 하자. 특히 시간 순서로 말하거나, 일이 일어난 서사적 구성으로 말하는 사람이라면 개선해야 한다. 일기나 일지를 쓰며 연습해 보자. 양장 노트에 바른 글씨로 쓸 필요는 없다. 간단한 메모지나 스마트폰, SNS를 사용하면 된다. 모든 상황이 두괄식 말하기가 들어맞는 건 아니지만, 연습하다 보면 문장이 명확하고 간결해진다.

《나는 말하듯이 쓴다》를 쓴 강원국 작가는 '키워드, 핵심 문장, 주제문으로 글쓰기를 시작한다'라며 글을 쓸 때 '핵심 문장을 추리고 거기에 살을 붙여' 나아가라고 했다. 또한 '글이 한정식이 아니라 일품요리여야 한다. 백화점이 아니라 전문점이어야 한다. 초점을 잘 맞춘 사진 같은 글이 좋은 글'이라고 강조했다. 말도 마찬가지이다. 10초 안에 딱 한마디만 할 수 있다고 가정하고, 그 한마디를 첫 문장으로 시작해 말해 보라. 말하다가 샛길로 빠지거나 쓸데없이 말이 길어지는 것을 줄일 수 있다. 말을 훈련하는 것도 운동과 같아서 하루아침에 갑자기 잘할 수는 없다. 어쩌면 근육을 단련하는 것보다 말을 깔끔하고 간결하게 만드는 게 더 오래 걸릴지 모른다. 그러나 노력하면 가능하다. 중요한 평가를 앞둔 프레젠테이션 발표자, 면접을 앞둔 취업 준비생, 투자 심사를 받아야 하는 스타트업 대표 등 많은 사람을 코칭하며 이를 경험했다. 한두 번 해 보면 너무 쉬워서 이런 방법으로 변화가 가능할까 싶을 수 있다. 그러나 일단 해 보시라. 생각을 글로 글로 옮기고, 글을 말로 반복하면 당신의 말은 깎고 깎아 최상의 빛을 내는 다이아몬드가 되어 있을 것이다.

온라인 회의에 꼭 필요한 역할

대면 회의에 회의 내용을 정리하는 서기가 있었다면, 온라인 회의는 -사용하는 프로그램에 따라 차이는 있지만- 회의 영상이 자동 녹화되거나, 채팅창에 남긴 말이 텍스트 파일로 자동 저장되어 서기의 역할을 하게 된다. 물론 일목요연한 정리가 아닌 회의 내용이 그대로 박제되는 편에 가까운 '있는 그대로의 기록'이지만 온라인 회의를 하는 사람들은 유용하다고 말한다.

그러나 서기 대신 필요해진 역할이 있다. 바로 접속해 있는 동안 동시에 말을 해서 오디오가 겹치고, 잘 들리지 않는 상황을 정리해 회의를 진행시켜 줄 '사회자'이다. 자연스럽게 발언권을 주고, 회의를 융통성 있게 진행할 사람이 필요해진 것이다. 다음은 한 국립대학교의 코로나 비상 대책 회의의 진행 순서이다. 예1)은 2020년 상반기 대면 회의의 내용이고, 예2)는 비대면·온라인 회의가 이뤄진 지 1년이 지난 2021년 상반기 시점의 내용이다. 미리 대면 회의와 비대면 회의의 비교를 위해 실제 회의록의 내용 일부를 편집하고 각색했음을 밝힌다.

예1) 대면 회의 상황

참석자: 사회자, 좌장(위원장), 발표자, 기타 각 부서 직원

회의 장소: 대회의실의 직사각형 테이블

사회자: 오늘의 제72차 비상 대책 회의를 시작하겠습니다. 바쁘신 중에도 참석해 주신 여러분께 감사합니다. 오늘 회의 안건은 네 건입니다. 첫 번째 안건은 평생교육원 대면 수업 재개 여부입니다. 평생교육원 실장님 안건 보고해 주십시오.

평생교육원 실장: 네. 보고 드리겠습니다. 이번 학기 평생교육원은 총 90개의 강좌가 설강됩니다. 이 중 반드시 대면 강의가 필요한 강좌는 24개입니다. 방역 지침에 따른 사회적 거리두기를 준수하고, 대면 강의를 진행할 예정입니다. 위원 여러분들의 검토 부탁드립니다.

좌장: 평생교육원에서 대면 강의 허가 요청이 있었습니다. 평생교육원 실장님께 질문하겠습니다. 지난 학기에는 몇 개의 대면 강의가 있었습니까? 또 반드시 대면 강의를 해야 하는 이유는 무엇입니까?

평생교육원 실장: 지난 학기에는 97개 중 17개의 강좌를 대면으로 진행했습니다. (이하 생략)

언어교육원 실장: 평생교육원 실장님, 말씀 잘 들었습니다. 저희 언어교육원의 경우를 말씀드리면 다른 의견을 주실 분께 참고가 될 것 같습니다. 저희 언어교육원은 지난 학기에 전 강좌를 비대면으로 진행했으며, 이번 학기에도 비대면으로 진행할 예정입니다. 그리고 그에 대한 준비와 확인을 모두

마쳤습니다. 무엇보다 방역이 최우선이고, 만약의 경우 대면 강의로 진행한 강좌에서 확진자가 발생할 경우 그 결과에 따른 책임이 따를 수 있기 때문에 매우 조심해야 한다고 생각합니다.

타 부서장1: (끼어들며) 네. 맞습니다. 확진자 나오면 큰일이죠. 그때마다 정신없어지고요. 주변 다른 건물 사람들도 불안해할 겁니다.

타 부서장2: (끼어든 말에 보태며) 그렇습니다. 다른 학교의 사례를 봐도 확진자가 한번 발생하면 며칠간 다른 일도 멈추게 되니 정말 큰일입니다. 수강생도 수강생이지만, 강사가 확진되면 수업 중단으로까지 이어지니까요.

평생교육원 실장: 무슨 말씀이신지 충분히 알겠습니다. 그런데 저희의 경우는 조금 다릅니다. 평생교육원의 강좌 중에는 사진이나 미술 강좌처럼 반드시 대면이 필요한 과목들이 있습니다.

총무처장/기획처장: (동시에 말이 겹친다)

좌장: 네. 총무처장님 먼저 말씀하시죠.

총무처장: 지금 정규 교과목도 가능하면 비대면으로 진행하는데 평생교육원이 꼭 대면으로 진행한다면 여론이 좋지 않을 것입니다.

기획처장: 참 어려운 문제네요. 절충안으로 평생교육원의 수업을 필요에 따라 블렌딩 수업이나 플립러닝으로 진행할 수도 있지 않을까요?

평생교육원 실장/총무처장: (동시에 말이 겹친다)

좌장: 총무처장님 먼저 말씀해 주시고, 이어서 평생교육 실장님 발언해 주시죠.

총무처장: 블렌딩 수업에서도 대면은 가급적 최소화해야 한다고 생각합니다.

평생교육 실장: 네. 충분히 이해합니다. 방역이 최우선이긴 합니다. 그러나 실습 과목은 비대면을 최소화한다고 해도 강좌 총 시수 중 반 이상이 대면으로 진행되어야만 하는 수업이 대부분입니다. 혼란을 초래할 수 있어서 최소의 과목만 전면 대면으로 진행하는 방법도 고려할 수 있습니다.

총학생회장: 평생교육 실장님께서 평생교육 강좌의 몇 과목만이라도 대면 수업이 필요하다고 말씀해 주셨는데요. 학생들의 전규 교과목 모두 비대면이 원칙인데 평생교육원만 대면 전환으로 진행하는 데는 무리가 따른다고 생각합니다. 게다가 평생교육원은 학생이 아닌 외부인이 주로 수강하는데, 접촉이 많은 외부인으로 인해서 학내에 확진자가 나올 우려가 있습니다. 이런 문제에 대한 대비나 준비가 있으신지요?

타 부서장1: (끼어들며) 학생들의 반발도 고려해야 하고, 확진자 발생에 대한 대비도 고려해야 하고, 첫 번째 안건이 가장 어려운 것 같습니다.

기획처장: (끼어들며) 아까 말씀드렸던 필요한 경우에 따라서 블렌딩 수업이나 플립러닝으로 진행하는 방법이 최선일 것 같습니다. 각 과목별로 블렌딩 수업이 가능한 과목을 추려 보시면 어떨까요?

평생교육 실장: 네. 총학생회장의 말씀과 기획처장님, 총무처장님 말씀 모두 잘 들었습니다. 저희 평생교육원 내에서 자체 회의를 해본 결과, (이하 중략)

좌장: 네. 코로나 상황에 대비한 유연한 운영이 필요해 보입니다. 수강생들의 교육 만족도에도 신경을 써 주시고요. 강좌가 온라인이나 블렌딩으로 진행될 경우, 대면과 똑같이 진행되지 못하더라도 여러 가지를 고려해 교육의 질이 낮아지지 않도록 각별하게 살펴 주시기 바랍니다. 다른 의견 없으십니까? 네. 없으시면 첫 번째 안건은 이것으로 정리하겠습니다. 두 번째 안건으로 넘어가겠습니다. (이하 중략) 네 번째 안건까지 모두 진행했습니다. 사회자, 마무리해 주시죠.

사회자: 이것으로 오늘의 제72차 비상 대책 회의를 종료하겠습니다. 제73차 비상 대책 회의는 월요일 오후 2시 대회의실에서 진행하겠습니다. 모두 고생하셨습니다.

예2) 비대면·온라인 회의 상황(밑줄은 예1과 달리 추가된 좌장의 역할)

참석자: 사회자, 좌장(위원장), 발표자, 기타 각 부서 직원
회의 장소: 온라인 줌 회의실(참석자 전원 화면 ON, 마이크는 발언 시에만 ON)

사회자: 오늘의 제3차 비상 대책 회의를 시작하겠습니다. 오늘의 안건은 네 건입니다. 첫 번째 안건은 평생교육원 대면 수업 재개 여부입니다. 평생교육원 실장님 안건 보고해 주십시오.

평생교육원 실장: 네. 보고 드리겠습니다. 이번 학기 평생교육원은 총 90개의 강좌가 설강됩니다. 이 중 반드시 대면 강의가 필요한 강좌는 24개입니다. 방역 지침에 따른 사회적 거리두기를 준수하고, 대면 강의를 진행할 예정입니다. 위원 여러분들의 검토 부탁드립니다.

좌장: 평생교육원에서 대면 강의 허가 요청이 있었습니다. 평생교육원 실장님께 질문하겠습니다. 지난 학기에는 몇 개의 대면 강의가 있었습니까? 또 반드시 대면 강의를 해야 하는 이유는 무엇입니까?

평생교육원 실장: 지난 학기에는 97개 중 17개의 강좌를 대면 강의로 진행했습니다. (이하 생략)

좌장: 네. 알겠습니다. 방금 평생교육원 실장님께서 대면 강의의 필요성에 대해 강조해 주셨습니다. 지금부터 의견 주실 분들께서는 손들기 기능 이용하셔서 발언 요청해 주시면 제가 지목 드리겠습니다. 네. 언어교육원 실장님, 발언 요청 손들어 주셨는데요. 언어교육원은 지난 학기에 어떻게 운영하셨는지 함께 말씀해 주시면 좋겠습니다.

언어교육원 실장: 네. 말씀드리겠습니다. 저희 언어교육원은 지난 학기에 모든 강좌를 비대면으로 진행했습니다. 이번 학기에도 비대면으로 진행할 예정입니다. 방역이 최우선이고, 만약에 확진자가 발생했을 경우 그 결과에 따른 책임 소재가 있을 수 있기 때문에 조심해야 합니다.

좌장: 네. 알겠습니다. 확진자 발생 시 책임의 무게에 대해 언급해 주셨습니다. 평생교육원 실장님 발언 요청 손들어 주셨는데요. 말씀해 주십시오.

평생교육원 실장: 저희의 경우는 조금 다릅니다. 평생교육원은 사진이나 미술 등 반드시 대면이 필요한 과목이 있습니다.

좌장: 네. 실습 위주의 강좌는 대면이 반드시 필요하다는 말씀이군요. 총무처장님 발언 요청 손들어 주셨는데요. 말씀해 주십시오.

총무처장: 지금 정규 교과목도 가능하면 비대면으로 진행하고 있습니다. 그럼에도 불구하고 평생교육원의 강좌를 대면으로 진행하면 여론이 좋지 않을 것입니다.

좌장: 네. 다른 교과목 진행 상황도 충분히 고려해야 한다는 말씀해 주셨습니다. 총학생회장, 발언 요청 손들어 주셨는데요. 말씀해 주십시오.

총학생회장: 대면 수업이 필요하다는 말씀해 주셨는데요. 평생교육원은 학생 아닌 외부인이 주로 수강하는데, 외부인으로 인해서 학내에 확진자가 나올 우려가 많습니다. 이런 문제에 대한 대비나 준비가 있으신지요?

좌장: 네. 학생들의 건강과 안전도 반드시 고려해야 하는 문제임을 강조해 주셨습니다. 당연합니다. 기획처장님, 발언 요청 손들어 주셨는데요. 말씀해 주십시오.

기획처장: 실습 위주의 과목에 대한 중요성 충분히 이해합니다. 무료 강의가 아닌, 수강료를 내는 수강생 입장을 생각해 보면, 항의가 있을 수도 있겠습니다. 따라서 반드시 전부 다 대면으로 할 필요는 없고, 필요한 경우에 따라서 블렌딩 수업이나 플립러닝으로 진행할 수도 있지 않을까요?

좌장: 네. 다른 교과목 진행 상황도 충분히 고려해야 한다는 말씀해주셨습니다. 평생교육실장님, 발언 요청 손들어주셨네요. 발언해주시기 바랍니다.

평생교육원 실장: 네. 이번 학기 개설 강좌 중 대면 강의가 필요한 24개 강좌 중 블렌딩 수업이나 플립러닝으로 진행이 가능할 과목들을 조사해서 비대면을 강화하고 대면을 최소화할 수 있는 방향으로 고려해 보겠습니다.

좌장: 네. 코로나 상황에 대비한 유연한 운영이 필요해 보입니다. 수강생들의 교육 만족도에도 신경 써 주시고요. 강좌가 온라인이나 블렌딩으로 진행될 경우, 대면과 똑같이 진행되지 못하더라도 여러 가지를 고려해서 교육의 질이 낮아지지 않도록 각별하게 살펴 주시기 바랍니다. 다른 의견 없으십니까? 네. 없으시면 첫 번째 안건은 이것으로 정리하겠습니다.

사회자: 평생교육원 대면 강의 허가 요청에 대해서는 반드시 필요한 과목만 대면 수업을 진행하되, 가능하면 비대면으로 할 수 있도록 유도해 주시고, 다음 회의 전까지 구체적인 안을 다시 보고해 주십시오. (이하 생략)

좌장: 그러면 두 번째 안건으로 넘어가겠습니다. (이하 중략)
네 번째 안건까지 모두 진행했습니다. 사회자, 마무리해 주시죠.

사회자: 네. 이것으로 오늘의 제72차 비상 대책 회의를 종료하겠습니다. 다음 제73차 비상 대책 회의는 월요일 오후 2시 비대면으로 진행합니다. 오늘처럼 줌으로 진행하겠습니다. 모두 고생하셨습니다.

예1과 예2)의 차이를 느끼는가. 참석자는 같지만 다른 점이 두 가지 있다. 첫째, 대면 회의에서는 참석자와 발언자가 정해지지 않았고, 주제 발표자의 의견을 들은 뒤 자유롭게 발언하는 식이었다. 반면 비대면 회의에서는 매 순간 좌장이 발언자를 정해 지목하면 말을 이어갔다. 둘째, 온라인 회의 시 좌장의 역할이 커졌다. 각각의 발언을 요약하고 논점의 흐름을 이어갈 수 있도록 적절하게 발언자를 지목했다. 기업과 기관마다 좌장을 따로 두거나 사회자가 좌장 역할을 겸해서 진행할 수도 있다. 이 점이 가장 달라진 점이다.

또한, 온라인 회의 시 사람들이 가장 답답하게 느끼는 점으로 네트워크 오류와 오디오 겹침을 꼽는다. 참석자가 많을수록 그렇다. 사정이 이러하다 보니, 사람들은 온라인 회의에 대해, 빨리 끝나는 건 좋지만 여전히 불편하다고 느낀다. 비대면 커뮤니케이션은 통제의 범위가 제한적이다. 특히 네트워크의 불안정, 오디오 겹침으로 인한 내용 확인 불가능은 통제하기 어려운 문제이다. 사회자와 좌장이 필요한 이유이다. 회의의 흐름을 정리하고, 이끌어 나갈 사회자와 좌장의 능력이 시험대에 오르기도 한다.

그렇다면 온라인 회의 시 모두가 빨리 마치려는 단합심은 왜 발휘될까? 일부 기업은 화상 회의실이나 한두 명만 들어갈 수 있는 온라인 회의용 방음 부스를 설치하기도 하는데, 공유제이기 때문에 혼자서 오래 사용할 수 없다. 게다가 자기 자리에서 온라인 회의에 접속하는 것도 주변에 동료들이 있기 때문에 쉽지 않다. 내가 회의하는 소리가 동료에게 소음이 될 수 있고, 동료가 전화하거나 대화하는 소리가 내게 소음이 될 수 있기 때문이다. 라디오를 크게 틀어 놓은 공간에서 화상 통화를 하는 느낌일 것이다. 결국, 온라인 회의는 '회의가 길어지게 하는 말들'이 모두 제거된다. 그런다면 어떻게 해야 온라인 회의를 잘할 수 있을까? 온라인 회의의 기본적인 네 가지 방법을 제시하겠다.

첫째, 사회자의 역할이 중요하다. 같은 안건에 대한 2차 회의라면, 지난 회의 때 어디까지 진행되었는지 1분 이내로 요약해서 브리핑하고, 오늘 다룰 내용을 언급해 주어야 한다. 참석자들의 집중도를 높일 수 있다. 회의 시작을 알리는 말만 하는 사회자가 있는데, 이런 경우라면 적어도 안건 발표자를 정확히 지목해 말이 길어지는 상황 정도는 소거해 주어야 한다(앞서 말했듯이, 한 사람이 길게 말하면, 온라인 상황에서의 집중도는 현저히 떨어진다).

둘째, 좌장이 진행한다. 온라인 회의 때 사용하는 줌은 카메라와 마이크를 각각 켜고 끌 수 있다. 좌장은 소음을 방지하기 위해 참석자의 카메라는 모두 켜고, 발언하지 않을 경우 마이크를 끄도록 안내해야 한다. 예2)처럼 오디오가 겹치면 발언자를 지정해 주자. 단순한 지정이 아니라, 발언자의 말이 길어지거나 말한 내용이 많으면 짧게 요약해 주기도 해야 한다. 즉, 불필요한 의견을 차단하고 회의를 매끄럽게 진행하는 좌장의 역할이 온라인 회의의 질을 좌우한다. 덧붙이자면, 좌장은 말이 빠르지 않고, 잘 들리는 명확한 음성이면 좋다. 훈련으로 가능하니 뒤에 소개하겠다.

셋째, 참석자는 두괄식 말하기와 리드 멘트를 사용한다. 두괄식 말하기는 온라인 말하기의 효율을 이끌어 낸다. 온라인 회의는 참석자의 인내심이 요구되고, 대면 회의에 비해 여러 가지 환경적, 기술적 이유로 활발한 토의나 토론이 이뤄지기 어렵다고 여겨지는 경향이 있다. 그러다 보니 해야 할 말을 아끼거나 참고 그저 참여하는 데에 의미를 두는 사람도 있다. 반드시 해야 할 말이라면 미리 일목요연하게 정리해서 가능한 짧고 명확하게 말하자. 전해야 할 말의 의미를 축약하지 않은 상태로 전하되, 간단한 문장과 쉬운 단어를 선택하라. 그리고 "동의합니다. 왜냐하면…", "저희 부서의 의견을 종합한 결과 진행이 어려운 이유는 크게 두 가지입니다."처럼 결론부터 말하고 이를 뒷받침하는 이야기를 붙여라. 참석자의 이해도를 높일 수 있다.

리드 멘트는 발언권을 얻기 위한 손들기 기능이 없을 때 사용하는 멘트로, "제가 말씀드리겠습니다.", "제가 덧붙여 말씀드려도 될까요?" 등이 있다. 리드 멘트는 내 말에 시동을 걸거나, 방향 지시등 역할을 하는 마법의 문장이다. 또한 '말 겹침'으로 인해 회의가 지연되는 문제를 줄일 수 있다. 말이 겹쳐서 웃음이 터지거나, 중재를 하며 시간이 지체되는 일은 의외로 흔하며 많은 사람이 불편함으로 꼽는 일이다.

넷째, 회의 진행 결과에 대한 자료 공유는 필수이다. 회의 내용이 자동 녹화되거나 채팅창이 텍스트 파일로 자동 저장되기는 하지만 이를 회의의 안건을 보기 위해 다시 보는 일을 거의 없으므로 회의 안건의 제목과, 회의에서 의결된 내용의 결과와 진행 사항 정도를 정리해 공유하자. 온라인 회의 참석자들이 회의에 엄청나게 집중했으리라는 기대는 버리는 게 낫다.

화면과 마이크는 잠시 꺼 두셔도 좋아요

온라인 회의는 참석자 수가 많을수록 접속 지연과 접속 후 대기 시간이 길어진다. 또한 대기해서 준비하는 동안 그 모습이 그대로 노출되어 불편함을 느끼는 사람도 있다. 그러므로 통제가 어렵다면 화면과 마이크를 끈 채 접속하는 게 좋다. 회의를 주재하는 호스트가 온라인 회의실을 개방할 때 설정해 두면 된다. 줌은 카메라와 마이크 켜기와 끄기를 회의실 개설 때부터 조정해 둘 수 있다. 물론, 이렇게 설정해 두면 참석자가 카메라와 마이크를 테스트할 수 있는 시간이 없다는 단점도 있다. 회의의 종류에 따라 유연하게 대처하자.

자꾸만 빨라지는 말하기 속도

S 회계법인 직원 K 씨는 비대면 화상 회의에서 말하는 속도가 달라지는 것을 종종 느낀다고 했다. "일주일에 한 번씩 온라인 회의

를 진행하는데, 직원 대부분 평소보다 말이 빨라지더라고요. 제한 시간 내에 말을 해야 하다 보니, 쌍방향 소통보다는 일방적인 느낌이 들어서 아쉬웠습니다." 필자 역시 2020년 하반기에 온라인으로 프레젠테이션 평가를 진행에서 말이 빨라지는 문제에 대해 들은 적이 있다. 공식적인 평가 후 온라인 회의실에 모인 사람들 모두 떨려서 말이 빨라졌다고 했고, 실제로 발표 시간도 준비할 때보다 빨리 끝난 사람도 아주 많았다. 사실 공식적인 자리에서 평소보다 말이 빨라지는 경우는 별로 없다. 긴장도 되고, 내용을 잘 전달해야 하기 때문이다. 이 책을 쓰기 위해 전화와 화상 회의 솔루션을 활용한 온라인 인터뷰에서도 온라인 상황에 말이 더 느려졌다는 사례가 없었다. 그럼에도 불구하고 유독 온라인에서 말의 속도가 빨라지는 이유는 무엇일까?

이와 관련해 교육 분야에서 학생들이 말하기 속도를 조금 빠르게 조절해서 듣는다는 제보를 받았다. 플립 러닝으로 수업하는 한 교수는 사전 학습용으로 올려 둔 강의 영상을 학생들이 제대로 수강했는지 확인해 보니, 수강자 반 이상이 1.5배속으로 듣고 있는 걸 발견했다고 한다. 그리고는 교수는 요즘 학생들은 시간을 참 아껴 쓴다며 신기해했다. 얼마 뒤 다른 교양과목 강사에게도 비슷한 이야기를 들었다. 자신의 과목을 이수한 학생을 살피던 중 '수강 완료'가 떠서 보니 재생 시간이 짧더라는 것이다. 강의를 1.5~2배속으로 듣는 분위기라고 했다. 온라인으로 자격증을 공부하는 수강생들도 비슷하다. 빠른 속도에 익숙해서일까, 아니면 들어야 할 강의 시수가 많아서일까? 그도 아니면 단순히 지루해서일까? 자료를 통해 한 걸음 더 들어가 보자.

아나운서계의 대모 격인 KBS의 박경희 아나운서는 〈뉴스 전달 속도가 수용자 인식에 미치는 연구〉 논문을 통해 진행자의 메시지 전달 속도가 그 시대의 문화와 밀접한 관계가 있다고 보며 방송 초창기인 일제 강점기부터 2000년대까지의 뉴스 전달 속도와 시대적인 변화를 고찰하고, 측정된 수치를 바탕으로 전달 속도가 수용자의 인식에 미치는지를 살펴보았다. 분당 음절 수로 전달 속도를 측정하였는데, 일제 강점기에 분당 217음절이었던 게 1950년도는 335음절로 급격히 빨라진 것을 볼 수 있었다. 그리고 1960년대에는 351음절이었던 게 1970년대 332음절로 다소 느려졌다가, 1980년대 342음절로 다시 조금 빨라지고, 1990년대 359음절, 2000년대 373음절로 가장 빠른 말하기 속도를 보였다고 밝혔다.

후속 연구로 진행한 나의 경희대학교 언론정보대학원 언론학 석사 논문 〈화자 목소리의 높낮이와 빠르기가 청자의 메시지 이해도와 화자에 대한 신뢰도 및 호감도에 미치는 영향〉 연구에서도 빠른 속도의 음성이 신뢰도에 영향을 미쳤다고 보았다. 다음은 논문 초록 내용을 인용하여 논문에 지면상 미처 다 수록하지 못한 실험 설계 내용을 재편집한 내용이다.

실험 처치물로 화자의 목소리를 고음과 저음, 속도별로 여덟 단계를 나누어 청자에게 들려주어, 화자의 목소리와 높낮이, 속도에 따라 메시지의 이해도와 신뢰도, 호감도에 차이가 있는지를 조사했다.
대상은 리서치 전문 기관에 의뢰해 인구통계학적으로 세대와 성별에 따라 고르게 표집된 표본 집단으로 삼았으며, 표본 집단이 가지고 있는 PC와 스마트기기로 인해 듣고 답하는 데 기술적 어려움이나 기계적 변형, 음성 왜곡과 탈락이 일어나지 않도록 테스트를 거쳤음을 밝힌다. 또한 원음과 동일한 상태로 듣기를 평가할 수 있는 대상으로 표본 집단을 꾸렸다.

실험 결과, 첫째 저음의 빠른 속도로 제시한 목소리에서 메시지 이해도의 차이는 없었다. 둘째, 신뢰도에 있어서 남성의 목소리는 저음의 빠른 말일 때 신뢰도가 높았으며, 신뢰도에 영향을 끼치는 변인은 높낮이와 빠르기 중 '빠르기'로 나타났다. 그러나 여성의 목소리일 경우, 높낮이와 빠르기 둘 다 신뢰도에 영향을 끼치지 않았다. 셋째, 호감도에 있어서 남성의 목소리는 저음의 빠른 말에서 가장 높게 나타났다. 마찬가지로 호감도에 영향을 끼치는 변인은 높낮이와 빠르기 중 '빠르기'이다. 반면, 여성의 목소리일 경우에는 고음의 느린 목소리의 호감도가 가장 높았으며, 높낮이와 빠르기 중 호감도에 영향을 끼치는 변인은 '높낮이'인 것으로 나타났다.
결론적으로, 화자의 높낮이와 말의 속도가 신뢰도와 호감도에 영향을 끼치는 것으로 볼 수 있다.

시간이 지날수록 말의 속도가 빨라지고 있다. 그렇다면 10년 뒤에는 현재보다 더 빠르게 말하게 될까? 통시적 비교 결과를 보면, 조금씩 빨라지다가 느려지다가 다시 빨라지는 경향이 있으므로, 무한대로 빨라지지만은 않을 것 같다. 메시지의 이해도에 관련한 부분이기 때문이다. 그리고 온라인에서 빠르게 감아 듣는 사람이 많다고 해서 말하는 이가 빠르게 말할 수도 없다. 과연 온라인에서의 말하기 속도는 무엇을 기준으로 삼아야 할까? 앞서 이야기한 교육 분야에서 보았을 때, 교육 수강생의 대부분이 20대였다. 현재의 20대는 짧은 영상을 즐겨 보는 디지털 세대이며, 쇼 미 더 머니 세대(랩처럼 빠르게 말하는 걸 즐기는 세대)이다. 15초짜리 유튜브 영상도 지루해한다. 물론 규정할 수는 없다. 다만, 세대의 차이를 논하는 연구를 통해 꾸준히 밝혀지고 있을 뿐이다.

온라인 말하기에 최적화된 말하기 속도와 시간

사실 말이 느려서 못 알아듣기보다 말이 빨라서 못 알아듣는 경우가 많다. 게다가 온라인 상황에서는 시스템 지연으로 더디게 들리는 경우가 종종 있으므로 평소보다 빠르게 말하는 일이 없어야 한다. 15분 이상 집중해서 들어야 하는 강의나 강연은 청자가 이미 끝나는 시간을 알고 있고, 익숙해져 있어 듣기에 대한 준비를 마친 상태이기도 하다.

그러나 1회 발언 시간이 엄격하게 정해져 있지 않은 온라인 회의나 좌담회, 토론회라면 마이크를 오래 켜지 않는 게 좋다. 되도록 간결하게 알아듣기 쉽게 말하는 것이 관건이다. 앞서 대면 상황보다 온라인에서 듣는 이의 집중도가 떨어진다는 걸 다루었다. 발표나 좌담회, 토론회와 같이 1회 발언 시간이 길지 않은 상황이 아니라면 일반적인 회의나 대화, 질의응답에서는 30초 이내로 발언하는 게 적절하다.

30초 발언을 연습할 수 있는 가장 쉬운 방법은 TV나 유튜브에 나오는 광고 시간을 활용하는 것이다. TV 광고는 30초, 인기 유튜브 영상을 시청하기 위해 반드시 봐야 할 광고는 15초이다. 이 광고가 나올 때마다 음 소거해 두고 말하는 연습을 하자. 단순히 광고를 설명해도 좋고, 광고를 보며 드는 생각을 자유롭게 말하는 것도 좋다.

이때 지켜야 할 것은 세 가지이다. 30초 내외의 시간을 지켜서 말하기, 혼잣말하듯 읊조리는 게 아니라 공식적인 자리에서 발언하듯 말하기, 아나운서가 뉴스를 진행하는 속도 정도로 말하기이다. 이것만 지켜서 연습하면, 온라인 상황에서의 짧은 답변, 짧은 질의, 짧은 대화를 탁구공을 주고받듯이 자연스럽게 구사할 수 있을 것이다.

온라인에서 오해 사기 쉬운 말투

비대면 커뮤니케이션에 적합한 말투도 따로 있을까? 사실 말투만 따로 놓고 말하기는 어렵고 말을 주고받는 상황과 맥락, 상호 관계, 말의 내용까지 두루 살펴 판단하는 것이 마땅하다. 그러나 분명히 '듣기 싫은 말투'는 있다. 방송인을 위한 스피치 교육 외에 프레젠테이션 스피치, 대학의 교양과목에 들어가는 스피치 강의, 기업과 기관의 스피치 특강 때 꼭 말하는 게 말투에 대한 부분이다. 그중 '어미를 끌지 않을 것, 리듬을 타듯 조사만 음을 올려 말하지 않을 것'은 모두에게 해당한다. 평소에는 아무려면 어떤가. 그러나 마이크를 타고 온라인 화상 도구를 통해 전달될 때는 이런 습관들이 단점으로 작용하며, 비전문적으로 보일 수 있다. 마이크가 울려 전달력이 떨어지는 경우 문장의 어미나 어절의 어미를 끌 듯이 말하면 앞 음절이 중첩해 들리기도 하고 내용 전달에 문제가 생기기도 하므로, 평소에 어미를 깔끔하고 담백하게 처리하는 연습을 하자.

예) 어미를 끌 듯이 말하는 경우

"비대면[비대며언] 온라인[온나인] 상황에서는[상황에서느으은] 말끝을[말끄트을] 끌지 않는 것이[끌지 안는거시이이] 중요합니다[중요함니다아]."

▶ 모든 음절의 음가를 내뱉는 시간을 '1'로 보았을 때, 위의 예시처럼 말하면 어절이 끝날 때마다 마지막 음절을 '1.5~2' 정도의 시간으로 말하게 된다. 스마트폰으로 녹음해서 들어 보자.

온라인에서 오해 사기 쉬운 글투

비대면 커뮤니케이션에서는 말이 아닌 텍스트로만 소통하는 경우도 많다. 회의 채팅창에 "이제 적당히 마무리하시죠!"라는 글이 올라왔다고 가정해 보자. 이 글을 읽은 당사자는 매우 불쾌할 것이다. 그런데 말한 사람만의 잘못일까? 답은 말한 사람의 잘못이기도 하고, 불쾌하게 읽은 사람의 잘못이기도 하다. 그렇다면 이 문장은 어떤가? "이제 적당히 마무리하시죠~" 두 문장의 차이는 종결 부호에 있다. 느낌표와 물결표는 확연하게 다른 의미로 다가올 수도 있고, 단순히 말하는 사람의 말투로 느껴질 수도 있다. 어떤 여성 CEO가 나에게, 후배가 메신저로 대화할 때마다 말끝마다 느낌표를 붙여서 불편하다는 말을 한 적이 있다. 나는 두 사람의 인품과 성격을 알고 있던 터라 후배가 항의와 강압적인 의미를 실어 느낌표를 쓴 게 아니라는 걸 알고 있었지만, 일단 그 불편함을 들어 주었다. 종결 부호 하나로 오해가 생긴 상황이다.

이쯤에서 한번 생각해 보자. 당신이 유독 자주 사용하는 문장 부호나 이모티콘이 있는가? 이런 시각적 표현은 당신 말의 또 다른 얼굴이며, 당신의 의중을 은연중에 대변하는 또 다른 언어이다. 서로 부담 없이 이야기할 수 있는 사이라면 느낌표 열 개를 찍은 문장이어도 상관없다. 그러나 비즈니스 관계이거나 어려운 관계라면 주의를 기울일 필요가 있다. 세 사람이 있으면 세 개의 화법이 있고, 열 사람이 있으면 열 개의 화법이 있다고 한다. 조금씩 차이는 있지만 글자 하나, 띄어쓰기 한 칸, 문장 부호 하나가 그 사람 글의 결을 만든다. 공식적인 회의나 공개적인 자리라면 문장 부호 사용도 엄밀하게 말하면 말의 연속이고 의견의 방향이라 볼 수 있다. 표준 맞춤

법에서 다루지 않는 단어나 표준 표기법에서 다루지 않는 문장 부호라면 공식적인 자리에서만큼은 사용을 줄이는 게 현명하며, 불필요한 오해를 살 수 있는 자리라면 아예 안 쓰는 게 낫다.

마이크와의 싸움에서 발음 때문에 장렬히 전사하다

나에게 빼놓을 수 없는 경력이 방송 경력이다. 첫 공식 데뷔는 KBS 대전방송총국의 1분짜리 라디오 일기예보였다. 돌이켜 보면 데뷔를 TV가 아닌 라디오로 하게 된 건 행운이었다. 음성으로만 내용을 전달하면 되었기에 방송 풋내기였던 나에게 부담이 적었다. 당시 방송 후 선배 아나운서에게 몇 가지 조언을 들었는데, 전체적으로 발음이 좋긴 한데 마이크를 너무 가까이 대고 말하다 보니 말소리가 거칠게 들리는 점, 침 넘기는 소리가 이따금 들린다는 점, 간혹 파찰음이 세서 일부 청취자들에게는 거슬릴 수 있다는 점이었다. 이를 유념하며 4년 가까이 일기예보를 진행했다. 그 덕에 초보 방송인 시절에 매일 같이 짧은 1분 스피치를 연습할 수 있었다. 그때의 일기예보 원고를 지금도 몇 부 가지고 있는데, 내용은 다음과 같다.

"안녕하세요. 835정보센터 오늘의 날씨, 강은하입니다. 오늘은 우산을 꼭 챙기셔야겠습니다. 태풍 ○○의 영향으로 오후 늦게부터 비가 내리겠습니다. 예상 강수량은 20에서 40밀리미터로 다소 많은 편이며, 곳에 따라 천둥이 치고 돌풍이 부는 곳이 있겠습니다."

이 원고를 그저 틀리지 않고 또박또박 읽기에 급급했던 생초보가 지적 받은 발음은 다음과 같다. 이해를 돕기 위해 밑줄을 쳤다.

"안녕하세요. 835정보센터 오늘의 날씨, 강은하입니다. 오늘은 우산을 꼭 챙기셔야겠습니다. 태풍 ○○의 영향으로 오후 늦게부터 많은 비가 내리겠습니다. 예상 강수량은 20에서 40밀리밀터로 다소 많은 편이며, 곳에 따라 천둥이 치고 돌풍이 부는 곳이 있겠습니다."

라디오 첫 생방송에서 준비한 예보 멘트를 한 글자도 틀리지 않고 전하기는 했지만, 풋내기 시절이었다. 선배의 따뜻하면서도 날카로운 조언을 들은 후 나는 매일 아침 물 한잔을 마신 후 짧은 연습을 하고, 운전하면서 그날 있을 방송의 명사들의 이름을 입 밖으로 소리를 내어 말해 보게 되었다. 이런 습관은 방송을 시작한 지 20년인 지금까지 꾸준하게 이어지고 있다. 그리고 선배의 조언은 따뜻했지만 나는 마이크와의 싸움에서 장렬하게 전사한 느낌이었다.

요즘은 꼭 방송국이 아니더라도 방송 기기로 개인 방송을 하는 사람도 많고, 마이크에 호흡이나 발음 튕김을 방지해 주는 팝 필터가 있는 스튜디오도 많다. 그러나 명심하자. 발음에 주의를 기울이지 않으면 온라인 실시간 환경에서 상대방을 불편하게 만드는 실수투성이인 말을 하게 될 것이다. 발음은 절대로 실시간으로 잡을 수 없다.

마이크가 싫어하는 마찰음, 성문 마찰음, 파찰음

순간적으로 말을 버벅대거나 발음이 꼬이는 것을 흔히 '혀가 굳었다'라고 표현하고, 발음이 안 좋은 사람에게 '혀 짧은 소리를 낸다'라고 말한다. 그만큼 혀는 중요한 조음 기관이다. 실제로 혀가 치아, 잇몸, 입천장의 어디에 닿느냐에 따라 음가가 달라진다. 발음을 연습할 때, 당연히 모든 발음을 정확히 내려고 노력하는 게 좋지만 혀가 굳었다면 자음만이라도 연습하자. 온라인 상황에서 마이크에 대고 말할 때는 자음이 유독 거칠게 전달되기 때문이다.

마찰음

우리말에는 'ㅅ, ㅆ, ㅎ' 세 개의 마찰음이 있다. 또한 마찰음은 조음 위치에 따라 치조 마찰음 'ㅅ, ㅆ'와 성문 마찰음인 'ㅎ'으로 구분한다. 마찰음은 좁힘, 마찰, 개방의 세 단계를 거쳐 발음하는데, 좁힘 단계에서 두 조음 기관을 접근시켜 입 안에 좁힘을 만들고, 연구개를 상승시켜 비강 통로를 차단하며, 마찰 단계에서는 좁혀진 틈 사이로 기류를 통화시켜 마찰 소음을 만든다. 마지막 개방 단계에서는 입 안에 형성된 좁힘을 완전히 개방한다(이호영, 2008).

국어 음성학적으로 조음이 어떻게 일어나는지를 살펴보면, 소리를 내는 원리를 이해할 수 있다. 치조 마찰음인 'ㅅ, ㅆ'은 특히 'ㅡ, ㅣ' 모음을 만나 소리 낼 때 거칠고 센소리가 마이크에 튀는 소리로 들어가기 쉽다. 이때는 조합되는 모음을 더욱 분명하게 인식하고 소리 내면 첫 소리의 자음만 강하게 소리 나는 것을 줄일 수 있다.

성문 마찰음

성문 마찰음 'ㅎ' 발음은 호흡이 지나가는 소리로, 일정한 음가로 실현되지 않고 모음에 따라 달라지는 특성이 있다. 'ㅎ' 음가는 폐에서 나온 기류가 성문을 통과하면서 성문 마찰음으로 변형된 다음, 입 안에서 다음 모음의 조음 자리에 있는 혀의 위치에 따라 다시 변형되어 다양한 발음으로 소리 난다. 예를 들어, '호흡'이란 단어를 마이크 앞에서 발음해 보면 '호'와 '흡'을 소리 낼 때 마이크에 바람 부는 소리가 들어간다.

또한 사람마다 매우 다른 세기와 진동으로 'ㅎ' 소리를 내는 것도 알 수 있는데, 일부 마찰음과 파찰음보다 더 거칠게 들어갈 수 있다. 이때는 자음보다 모음에 신경 써서 발음하면 효과적이다. 또 하나의 노하우는 해당 음가를 낼 때 발음하는 입의 위치를 1~2센티미터 정도 살짝 낮추어 발음하는 것이다. 소위 마이크가 눈치채지 못하게 발음하는 방법으로, 많은 방송인들이 이렇게 입을 낮추는 트릭을 사용한다. 호흡의 세기를 조절하는 게 어렵다면 마이크 앞에서 입의 위치를 살짝 낮추자. 고개를 크게 움직여 소리 내면 목소리가 마이크 밖으로 벗어나니 아주 살짝만 낮추어야 한다.

파찰음

우리말에는 'ㅈ, ㅊ, ㅉ' 세 개의 파찰음이 있다. 파찰음은 막음, 지속, 부분 개방, 마찰, 완전 개방의 다섯 단계로 발음되는 자음이다. 두 조음 기관을 접촉시켜서 구강 내에 막음을 형성하고 연구개를 상승시켜 비강 통로를 차단하는 발음이다. 지속 단계에서는 구강의 막음과 비강 통로의 막음을 유지시켜서 입 안에 갇힌 공기를 압축시킨다. 부분 개방 단계에서는 구강의 막음을 부분적으로 개방해 구강 안에 좁은 틈을 만들고, 마찰 단계에서는 입 안에 압축되어 있는 기류를 구강 안에 형성된 좁은 틈으로 내보내어 마찰 소음을 생성한다. 마지막으로 완전 개방 단계에서는 입 안에 형성된 좁힘을 완전히 개방한다(이호영, 2008).

설명을 인용하고 보니 어렵다. 한국어를 모국어로 배운 이들은 이런 단계를 일일이 구분하지 않고도 그동안 잘 발음해 왔다. 그러나 이런 주요 발음들이 모여 전체 말의 분위기와 결을 이룬다는 걸 알아 두자. 개인적으로는 8시간이 넘는 완독 본 오디오북을 녹음할 때 가장 주의하는 발음들이기도 하다. 연습, 연습이 필요하다. 하면 는다. 나도 그러했다.

스피치 진단 분석으로 본 유형별 사례

비대면 상황이 잦아지면서 말하기에 부담을 느끼는 사람이 많아졌다. 나의 말이 공기가 아닌, 마이크와 이어폰을 통해 상대방에게 너무도 또렷이 전달되기 때문이다. 일반 강의실에서는 내 말이 모든 이에게 똑같은 성량으로 전달되지 않지만, 온라인 공간에서는 그렇지 않다. 게다가 마이크와 스피커를 통해 증폭되고 왜곡되어 좋지 않은 발음이나 음정일 경우 더 안 좋게 들리기도 한다. 나도 많은 사람이 비대면 상황에서 이러한 문제로 자신의 언어 전달력에 대해 고민하고 있음을 실감한다. 그렇다면 사람들은 구체적으로 어떤 고민을 하고, 무엇을 개선하고자 할까?

모든 훈련은 레벨 테스트로 자신의 상황을 정확히 진단하고 필요한 부분을 보완하는 식으로 해야 한다. 아래의 오각형의 스피치 역량 정보 분석은 내가 대학교와 기관 출강, 기업 연수를 통해 만난 수많은 교육생들의 스피치 정보를 진단·분석하기 위해 2012년 개발한 '스피치 교육 훈련 평가 모델(PENTAGON Speech Training Test)' 도구이다. 이 책에는 진단 대상자의 말 내용과 화법을 포함한 고도화된 분석은 삭제하고, 언어 전달력에 관련한 부분만 간략히 실었다. 진단 요소는 '발음, 발성, 성량, 속도, 말투' 총 다섯 가지이며, 점수는 1점(매우 부족)부터 5점(매우 좋음)으로 구분했다. 오각형의 각 꼭짓점에 가까울수록 안정된 말하기를 구사하는 쪽에 가까우며, 중

심에 가까울수록 해당 항목이 부족함을 나타낸다. 이 책에는 나에게 코칭 받았던 교육생, 기업인, 공무원을 대상으로 개선된 사례를 실었으며, 이외의 공유는 불가함을 알린다. 각 사례를 보며 여러분의 유형을 유추해 적용하길 바란다.

대한민국이 아닌, 대항밍국 사람 30대 후반 K 씨(男)

H 사 팀장급 교육에서 만난 K 씨는 30대의 영업인이다. 사전 미팅에서 하이 톤 목소리를 콤플렉스로 꼽았으며, 기업이 아닌 소비자를 대상으로 하는 영업을 하고 있어서 조금 더 진중하게 말하고 싶어 했다. 거래처 미팅이나 계약을 위한 프레젠테이션, 브리핑을 할 때 자꾸 자신감이 떨어지는 것도 털어놓았다. 과연 K 씨는 말하는 방법을 바꿀 수 있을까? 바꾸려면 어떤노력을 해야 하며, 얼마나 걸릴까?

우선 K 씨의 말하기 습관을 알아보기 위해 두 번의 테스트를 해보니, 예상한 대로 발성과 성량 점수가 낮은 편이었다. 그리고 미처 인지하지 못한 특정 발음의 부정확 문제가 발견되었다. 우선 K 씨의 결과지를 살펴보면 다음과 같다.

1) 발음

텍스트를 읽을 때보다 일상적인 말하기에서 발음이 부정확한 편이다. 주로 'ㄴ, ㄱ'의 발음이 부정확하고, 모음을 소리 낼 때 전체적으로 웅얼거리듯 해 부정확한 음가가 자주 드러났다. 특히 이중모음 'ㅘ'의 발음이 매우 부정확해 교정이 필수적이다. 첫음절의 'ㅢ' 발음도 같은 단어를 반복할 때마다 각각 달랐다.

2) 발성

말할 때 목소리 톤이 급격히 올라가는 좋지 않은 습관이 있다. 지금보다 목소리 톤을 조금 낮추면 해당 업무와 직위에 조금 더 어울리겠다. 복식호흡을 훈련하면 톤을 낮추고, 말할 때 다소 거칠어지는 호흡도 안정적으로 바꿀 수 있다. 특히 말끝을 특정 톤으로 올려서 말하는 습관은 언어 전달력을 떨어뜨리므로 개선이 필요하다.

3) 성량

목소리의 크기를 조절해 조금 더 분명하고 안정적으로 들리도록 해야 한다. 특히 강약을 조절해 하고자 하는 말의 주요 단어를 강조할 수 있어야 한다.

4) 속도

보통 수준으로 적당한 편이다. 다만, 어절과 어절 사이의 띄어 읽기보다 음절과 음절 사이를 빨리 붙여서 말하는 습관이 있다. 평소에 모음을 얼버무리듯 말하기 때문이므로, 모음을 정확히 발음하려는 노력이 필요하다.

5) 말투

30대 남성임에도 여전히 10대의 소년의 말투가 종종 드러난다. 말하는 상황과 맥락에 맞는 어투로 개선이 시급하다.

K 씨를 위한 솔루션

이렇게 진단한 결과만 놓고 보면 그의 말하기 습관에 많은 개선점이 보이지만, 평소에 스피치 요소의 항목을 완벽하게 해서 말하는 사람은 드물다. K 씨뿐 아니라 대부분의 사람이 자신만의 말하기 습관이 있으며, 한 가지 이상의 개선점을 갖고 있다.

스피치의 다섯 가지 요소인 발음, 발성, 성량, 속도, 말투 중에서

K 씨의 인상을 바꾸기 위한 가장 시급한 항목은 '발음'이었다. 특히, 부정확한 특정 발음은 반드시 개선해야 했다. 그렇지 않으면 청자가 K 씨의 말을 거듭 확인하거나, 듣지 않고 자료만 보게 되는 일이 발생할 수 있다. 내가 K 씨에게 준 첫 번째 미션은 'ㄴ' 받침 발음 연습이다. K 씨는 전문 영업인이므로 공개 프레젠테이션과 마이크 사용이 빈번하며, 전문 용어를 많이 사용하는 편이다. 그래서 나는 K 씨에게 자신이 속한 기업의 상품명으로 연습하게 했다. 이 책에서는 이해를 돕기 위해 다른 단어로 대체함을 밝힌다.

'ㄴ' 받침 발음이 뭉개지는 유형 중 가장 많은 사례가 'ㄴ' 받침을 'ㅇ'처럼 발음하는 것이다. 구체적으로는 치음인 'ㄴ' 받침은 혀끝을 윗잇몸 안쪽에 붙였다 떼면서 내야 하는데, 혀끝을 공중에 띄운 상태로 발음하는 것이다. 가장 흔한 예로, 대한민국을 [대항밍국]으로 발음해 '한'과 '민'의 발음을 뭉개는 걸로 나타난다. 문맥상 단어를 유추할 수 있는 사람도 있지만, 처음 듣는 단어라면 이야기가 달라진다. 특히 시간 내에 전문 용어가 난무한 프레젠테이션을 들어야 하는 사람 입장에서는 불편할 수 있다.

다행히 K 씨는 발음만 연습하면 되는 케이스라 연습 시간을 따로 내지 않고 수시로 'ㄴ' 받침이 들어간 문장을 연습하게 했다. 다음은 K 씨가 연습한 문장이다.

안녕하십니까. 대한민국 국민들의 국민 기업! 2021년 놀라운 성장 곡선을 보여드릴 한국기업 영업 2팀 팀장 ○○○입니다!

K 씨가 이 문장을 연습해 보내온 파일은 2주간 70개가 넘고, 보내 온 파일에는 배경 음악처럼 출근길 지하철 소리나 점심시간에 메뉴를 주문하는 소리가 깔렸다. 퇴근 후 헬스장에서 돌아가는 러닝머신 소리가 들리기도 했다. 그렇게 며칠 후 K 씨의 목소리에 자신감이 붙고, 불분명했던 발음이 나아지기 시작했으며, 2주 후에는 발음이 정확해졌다. 그리고 문장을 수시로 들으며 긴장하면 톤이 올라가는 것을 발견하고, 목소리 톤을 낮추기 위한 몇 가지 훈련을 더 할 수 있었다.

발음은 우리말을 모국어로 사용하는 사람이라면 외국어보다 더 노력해야 한다. 아니, 모국어를 외국어보다 더 노력해야 한다니 무슨 말일까? 사실 우리말에도 노력이 필요하다. 한번도 접해 보지 않은 외국어일지라도 2주간 수시로 연습하면 어느새 그 언어를 모국어로 사용하는 사람처럼 흉내 내어 발음할 수 있다. 그런데 이미 고착화한 발음은 K 씨처럼 생활 속에서 숱하게 노력하지 않으면 고치기가 어렵다. 내가 만난 '발음 교정이 필요한 사람' 대부분이 그랬다. 자신의 말 습관을 인지한 뒤, 짧게 집중적으로 연습해야 한다. 누구나 조금씩, 자주, 집중적으로 연습하면 발음에 대한 고민을 어느 정도는 털어 낼 수 있다. 비슷한 고민이 있는 사람이라면 딱 2주간만 생각날 때마다 입을 움직여 소리를 천천히 내면서, 마치 말을 처음 배우는 사람처럼 말해 보시라. 빠르게 발음 문제를 개선한 제2의, 제3의 K 씨가 될 수 있다.

이중모음 개선이 필요한 J 씨(男)

S 병원 원내 교육에서 만난 J 씨는 50대 초반의 영업인이다. 사전 미팅에서, 처음 만난 사람이 자신의 말을 재차 되묻는 것을 고민으로 꼽았다. J 씨는 또렷하고 큰 목소리, 대체로 친절한 말투와 보통 속도의 말하기 유형이다. 다만, 몇 개의 모음을 부정확하게 발음하고 있었고, 자신의 문제점을 정확히 알지 못해 답답해하는 상태였다. J 씨의 결과지를 살펴보면 다음과 같다.

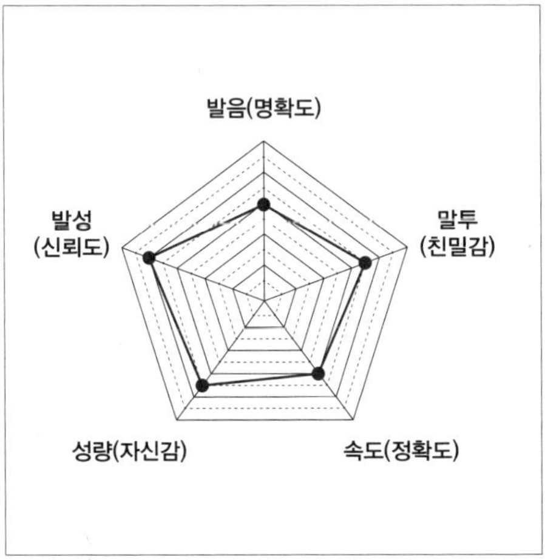

1) 발음

이중모음이 대체로 부정확한 편이다. 특히 업무상 자주 사용하는 'ㅘ' 음가의 교정이 반드시 필요하다.

2) 발성

목소리가 또렷하나 냉철한 느낌이라 감성적인 메시지 전달에는 약할 수 있다. 상황에 따른 강약 조절이 필요하다.

3) 성량

타인에게 잘 들리는 크기의 목소리이며, 전체적으로 고르고 안정적인 편이다. 그러나 말하고자 하는 말의 핵심 단어를 강조하기 위한 강약 조절이 필요하다.

4) 속도

말의 속도는 두 가지 양상을 보였는데, 텍스트를 읽을 때는 매우 빨라지고 평소 말하기는 조금 빠른 유형이다. 특히 어절과 어절 사이보다 음절과 음절 사이를 조금 붙여서 말하는 경향이 있었다. 자신의 편의에 따라 띄어 읽거나 띄어 말하는 습관을 버리고, 발화 상황과 말의 내용 따라, 듣는 이를 고려해서 띄어 말하는 습관을 들여야 한다.

5) 말투

감정을 감추고, 대체로 건조하고 딱딱한 말투를 구사하는 편이다. 일대일 말하기 상황에서는 감성적 메시지를 잘 전달할 수 있도록 하는 연습이 필요하다.

J 씨를 위한 솔루션

J 씨는 자신의 말하기 습관을 개선하고 싶은 의지가 강했기에, 업무상 가장 시급한 발음 훈련을 시작했다. 구체적으로는 가장 부정확한 'ㅘ' 음가가 들어간 단어 표를 만들어 매일 몇 회씩 천천히 반복해 연습하도록 했다. 실제로 그는 업무상 진료 과목을 말해야 하는 일이 빈번했는데, 내과를 [내꽈]가 아닌 [내까]로, 이비인후과를 [이비인후꽈]가 아닌 [이비인후까]로 발음하고 있었다. 근무지가 병원이라 맥락상 알아듣는 사람이 많지만, 어떤 사람은 그가 항상 입에 뭔가 물고 이야기하는 것처럼 들린다고 했다.

J 씨는 이에, 음가의 조합을 해체해서 천천히 발음했다가 다시 빠르게 음가를 붙여서 시간차를 줄여가는 방법을 사용했다. 즉, 'ㅘ'는 'ㅗ'와 'ㅏ'가 연이어 발음되는 이중모음이므로 'ㅗ'를 발음할 때는 입을 정확히 오므렸다가, 'ㅏ'를 발음할 때 정확히 입을 벌리는 연습을 했다. 다행인 건, J 씨의 경우에는 한 가지 모음으로 선택해 발음하는 습관으로 굳어졌을 뿐이므로 연습으로 개선이 가능하다는 것이다. 특정 모음이 잘 되지 않을 때는 해당 음가를 낼 때 움직이는 입모양을 마치 어린아이가 처음 말을 배우듯이 해 보는 것이 시작이

다. 낯선 외국어를 배울 때 해당 외국어를 모국어로 하는 사람의 입 모양을 보고 따라 하듯 한다고 생각해도 좋다.

잘못된 말의 굳은살을 비대면 커뮤니케이션 상황 속으로 들어가기 전, 1분 연습으로 풀어내자. 우선 부정확한 발음이나 대충 넘겼던 단어를 종이에 쓰자. 그리고 그 단어의 자음과 받침을 제외한 모음만 1초에 한 글자씩 발음해 본 뒤, 다섯 개의 모음을 조금 빠르게 붙여 3초에 다섯 음절을 말해 보고, 다음에는 2초에 다섯 음절을 말해 보자. 그렇게 모음 발음이 자연스러워지면 연습 단어를 제대로 말해 본다. 예를 들어, 이비인후과의 [인]이 제대로 되지 않았다면, [인]의 'ㄴ' 받침을 위해 혀를 앞니 뒷부분에 댔다가 떨어뜨리며 발음해 본다. 그리고 다시 '이비인후과'를 2초에 다섯 음절로 말해 본다.

1분 발음 연습

연습 단어: 이비인후과

1.: 'ㅣ - ㅣ - ㅣ - ㅜ - ㅗ - ㅏ'를 1초에 한 음절씩 천천히 소리 낸다.
2. 'ㅣ - ㅣ - ㅣ - ㅜ - ㅘ'를 3초 동안 5음절 모두 소리 낸다.
3. 'ㅣ - ㅣ - ㅣ - ㅜ - ㅘ'를 2초 동안 5음절 모두 소리 낸다.
4. '이비인후과'를 2~3초 동안 5음절 모두 소리 낸다.
5. '이비인후과'의 '인'의 ㄴ 받침에 주의해 소리 낸다.

6. '이비인후과'를 넣은 문장을 말한다.

- 연습하는 1분 동안 이중모음 'ㅘ'를 발음할 때 입 모양이 두 번 빠르게 움직이는지 거울로 확인하자.
- 하루에 한 번씩 실행하며, 녹음해서 들어 보는 것도 좋다.

속삭이듯 말하는 습관이 있는 M 씨(女)

H 기관 교육 연수에서 만난 20대 M 씨는 행정 사무 업무를 맡고 있으며, 목소리가 작아서 사람들이 잘 듣지 못하는 것을 고민으로 꼽았다. M 씨의 결과지를 살펴보면 다음과 같다.

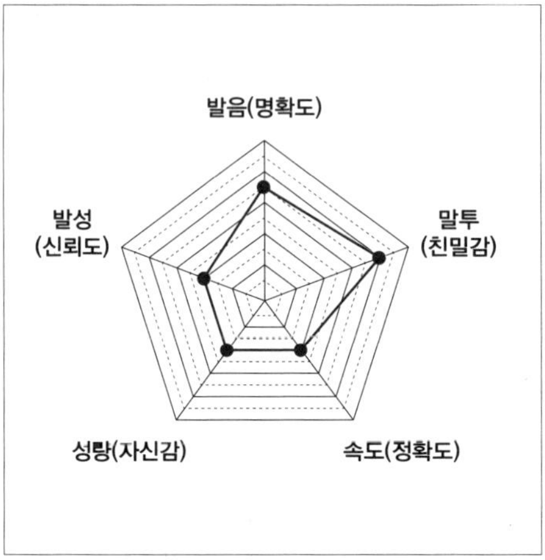

1) 발음

비교적 안정적이지만, 소리가 분명하고 성량을 개선하기 위해서는 모음을 발음할 때 입 모양을 정확히 할 수 있어야 한다.

2) 발성

전반적으로 고음역대의 음성이다. 말할 때 성대를 조이듯이 소리를 내고, 여리고 속삭이듯 발성하므로 마이크를 사용할 때 주의가 필요하다. 대면 상황에서 큰소리를 내다가 음이 이탈하거나, 갈라지는 경우가 종종 있다. 큰 소리로 말하는 것을 힘들어 하는 편이다.

3) 성량

목소리가 전체적으로 작은 편이다. 듣는 이가 반드시 들어야 할 핵심 단어가 있다면 강약을 조절해 말할 수 있어야 한다. 조사나 어미를 올려서 말하는 습관도 반드시 개선해야 한다.

4) 속도

매우 빠른 편이다. 말할 때뿐 아니라 텍스트를 읽을 때도 빠르며, 어절과 어절, 음절과 음절 모두 붙여서 말해 휴지 시간도 짧다. 자음과 모음을 모두 정확하게 내지 않을 때 나타나는 잘못된 습관이다.

5) 말투

대체적으로 친절한 편이지만, 나이에 비해 어린 인상을 줄 수 있으므로 비즈니스 상황을 위한 별도의 전략이 필요하다.

M 씨를 위한 솔루션

M 씨에게 제안한 개선점은 '발성'이다. 성대가 많이 약하고 여려 마이크가 없으면 소리가 잘 들리지 않고, 마이크가 있어도 성문 마찰음 'ㅎ' 음가가 크게 들어가는 일이 잦다. 성량도 작을 수밖에 없다. 그래서 제시한 방법은 강조할 핵심 단어의 첫 글자만 정확하고 크게 말하는 것이다. 구체적으로는 주요 단어의 첫 글자 모음을 정확하게 내는 훈련을 했다. 앞서 발음 편에서 다루었듯이 모음과 자음, 받침을 해체해 한 음가씩 천천히 발음해 보고, 자연스러워지면 해당 모음만 조금 힘주어 밀어내듯 소리를 내는 것이다. 그러면 주요 단어가 잘 들리고 리듬감이 생기며, 리듬이 안정되면 핵심 단어의 첫 글자가 아닌, 핵심 단어 전체를 강조해서 말할 수 있게 된다. 무엇보다 중요한 것은 '복식호흡'의 병행이다. 복식호흡은 모든 발성의 기초 훈련이므로 여러 번 강조해도 지나치지 않다. 아래 QR 코드로 접속해 저자가 영상으로 설명한 복식호흡을 따라 해 보자. 성대를 강화시킬 수 있다.

복식호흡 홈 트레이닝

https://www.youtube.com/watch?v=MnchuUfO7Rc

말투 때문에 자주 오해를 받는 K 씨(女)

공무원 K 씨는 성과 보고와 같은 발표를 많이 하는 업무를 맡고 있다. 평소에 앞에 나가 발표하는 걸 어려워하는 편은 아닌데, 비대면 회의가 많아지다 보니 '화나셨느냐, 언짢은 일이 있느냐, 다시 한 번 말해 달라'는 말을 자주 듣는다며, 듣는 이에게 오해를 사는 걸 고민으로 꼽았다. 정확히 자신의 문제점을 알고 싶어 했으며, 나는 그녀의 온라인 회의 영상 일부와 대면 상황 발표 때의 영상을 비교해 보고 원인을 찾았다. K 씨의 진단지를 살펴보면 다음과 같다.

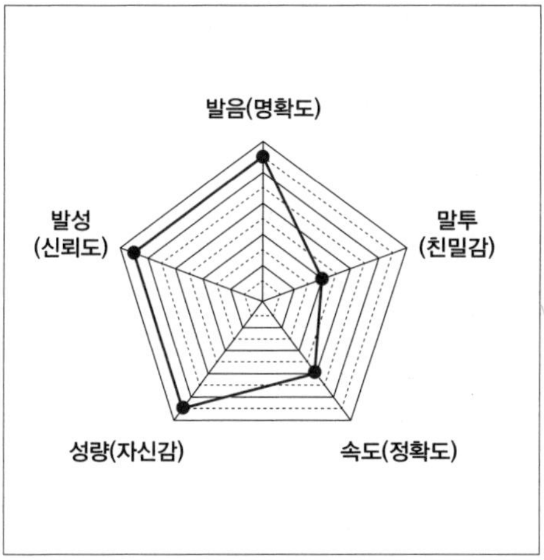

1) 발음

매우 안정적이며, 자음과 모음 모두 비교적 정확해 언어 전달력이 좋은 편이다.

2) 발성

전체적으로 중음역대의 음성이다. 여성의 음역대 평균이 200~150Hz인데, K 씨는 이보다 조금 낮았다.

3) 성량

전체적으로 성량이 고르고, 힘주어 말해야 하는 단어도 분명하게 구분해 말했다. 전체적으로 잘 들린다.

4) 속도

매우 빠른 편이다. 일상적인 말하기가 가장 빠르고, 온라인 회의 시 말하기는 다소 빨랐으며, 강당에서 발표하기에서 가장 느렸다. 또한 말할 내용을 적은 원고가 있을 때는 괜찮았지만, 준비 없이 말할수록 말의 속도가 빨라졌다. 일상적 말하기에서 알아듣기 힘든 부분이 불특정하게 반복되는 문제도 있었다.

5) 말투

감정을 잘 드러내지 않는 건조한 말투이다. 특히 띄어 읽기가 적용된 어절의 끝을 끌면서 음을 살짝 올려서 말하는 습관이 있어 딱딱하고 다그치는 듯한 인상을 주었다. 오해를 살 수 있는 말투이다. 여기에 빠른 속도와 다소 낮은 음역대의 발성이 더해져, 자칫 명령조로 들리기도 했다. 대민 업무를 맡고 있고, 때때로 얼굴을 마주하지 않은 상황(전화 통화)에서는 불친절하다는 오해를 받을 수 있다.

K씨를 위한 솔루션

진단 결과, K 씨의 고민대로 말투에 오해를 살 법한 버릇이 있었다. 나는 K 씨에게 업무 중 불특정 시간에 몇 차례 녹음을 하게 한 뒤, 진단 결과에 대한 부분을 스스로 찾아보도록 했다. 그리고 빠른 속도와 어절의 끝을 끌면서 음을 살짝 올려서 말하는 습관을 고칠 수 있도록, '문장 나눠 말하기'를 조언했다. 여러 문장을 '-해서, -하는데, -하니까, -하고' 등의 연결어미를 사용해 길게 말하는 습관을 한 문장으로 잘라서 말하도록 한 것이다. 즉, 연결어미를 자제하고 최대한 줄여서 말하도록 했다.

그리고 말하기 전에 부정적인 의미를 전해야 할 상황에는 첫 단어나 첫 어절을 내뱉을 때 과장되게 웃으면서 말하는 연습을 권유했다. 과장되게 연출해 연습하면 실제 상황에서는 자연스럽게 행동할 수 있기 때문이다. 또한, 빠른 속도로 말하는 건 'ㅏ, ㅑ, ㅣ, ㅘ'의 모음을 위주로 조금 더 입을 벌려 천천히 말할 수 있도록 했다. 말의 속도가 빠른 건 대부분 모음의 음가를 정확히 내지 않고, 입 모양이 한 음절에서 다음 음절로 넘어가는 시간을 충분히 주지 않기 때문이다.

05

Ask & Answer_ 내공 있는 말하기를 위한 마법의 문장

비대면 상황에 유독 까다로운 질의응답 시간

한 정부 기관에서 진행한 스타트업 IR 피칭 발표회 날이었다. 사회적 거리두기로 청중은 사전 신청을 통해 온라인으로 참여하고, 발표자와 심사자만 자리해 최소한의 인원으로 진행된 발표회였다. 최종 본선에 오른 다섯 팀은 차례로 무대에 올라 10분씩 발표했고, 당시 나는 사회자여서 발표자들의 긴장감 넘치는 프레젠테이션을 생생하게 볼 수 있었다.

프레젠테이션 능력은 천차만별이었다. 차별화한 아이템에 비해 설명이 부족한 팀, 말은 청산유수인데 준비한 자료와 화면이 말을 뒷받침하지 못한 팀, 말과 준비한 자료 모두 훌륭한 팀, 발표는 잘 마쳤는데 심사자의 질문에 대답을 잘하지 못한 팀 등. 그리고 결과는 '발표만' 잘한 팀이 아니라 질의응답 시간까지 프레젠테이션 시간으로 활용한 팀이 최우수 기업으로 선정되었다.

또 다른 기관에서 진행한 모의 투자 발표 행사도 생각난다. 한 스타트업 기업의 대표가 아주 당당히 -당당하다기보다 걱정스러울 만큼 자만했다- 프레젠테이션을 했는데, 뒤이어 이어진 심사자의 질문에는 그리 당당하지 못했다. 상금이 꽤 컸는데, 수상 기업 명단에 그 대표의 이름은 없었다. 그렇다면 떨리는 프레젠테이션 시간, 예측할 수 없는 질의에 유연하게 답할 수 있는 방법은 무엇일까?

반대하는 질문을 부드럽게 받아내는 문장의 공식

그동안 자신의 의견과 반대되는 질의를 받으면 어려워하는 이들에게 무조건 'YES'로 시작하라고 했다. 면접, 인터뷰, 평가, 강연에서 받는 질문 모두에 해당한다. 물론, 어떤 질문이라도 공개적인 장소에서 곧바로 대답하기는 쉽지 않다. 질문이 날카로울수록, 공격적일수록 더 그러하며, 질문자의 의견에 반론을 펼쳐야 할 경우에는 진땀이 난다. 이럴 때는 여유 있게 리드 멘트를 넣는 일종의 '쿠션 화법'을 통해, 당신의 질문에 지금부터 천천히 답을 드리겠다는 의도를 세련되게 표현하자. 다음 예를 통해 한 가지 질문에 답하는 두 가지 방식을 살펴보겠다.

Q. 프로젝트를 진행하기에는 저희가 공고한 마감 날짜가 짧은데 말씀하신 인원으로 기한 내에 마무리가 가능하시겠습니까?

A1. 네. 사실 시간이 짧다 보니 여러 가지 문제점이 생길 수도 있습니다만, 저희 회사의 인력이 총동원될 예정입니다. 워낙 프로젝트 진행 경험이 많은 베테랑이라 잘할 수 있습니다. 일정에 맞춰 기한 내에 마무리하도록 하겠습니다.

A2. 네. 기한 내에 프로젝트를 마무리하겠습니다. 그렇게 자신 있게 말씀드릴 수 있는 이유는 저희 베테랑 직원들이 경험이 많기 때문입니다. 기한 내에 반드시 마무리하겠습니다.

일단 A1은 'YES'로 시작하지 않아 부정적인 인상을 주는 답변으로 신뢰감을 주기 힘들다. 그러나 A2는 두괄식으로 긍적정인 결론 제시 후, 여유 있게 이유를 설명해 신뢰감을 주었다. 실제로 중요한 발표 후 질의응답을 주고받을 때 응답하는 쪽은 마음이 급해지기 마련이다. 잘 말해야 한다는 부담감으로 발표를 잘하고도 질의응답 시간에 심리적 방어선이 무너지는 경우도 많이 보았다.

대면 상황에서 답변을 잘하는 방법은, 질의가 끝난 후 성급히 답하지 않는 것이다. 한 박자 쉬고 "네. 말씀드리겠습니다." 또는 "네. 설명 드리겠습니다."와 같은 리드 멘트로 답변을 이어가는 게 좋다. 비대면 상황이라면 더욱 주의가 필요하다. 간혹 질문이 다 끝나지도 않았는데 말을 잘라 답변하는 사람이 있는데, 이러한 경우 성급한 이미지로 낙인찍히거나, 오디오가 겹칠 수 있다.

"네. 질문해 주셔서 감사합니다.", "네. 그렇게 생각하실 수도 있겠습니다.", "그렇지요. 그런 시각도 있겠군요.", "맞습니다. 좋은 지적이십니다."와 같은 멘트로 상대의 의견과 질문에 예민하게 반응하지 않는 것도 방법이다. 충분하게 의견을 들었다는 인상을 줄 수 있는 마법의 멘트이다. 더불어 이렇게 말하면, 약간의 긴장감을 낮출 수도 있다. 질문을 받은 뒤, 아래의 밑줄 친 문장을 덧붙여 말하는 연습을 해 보자.

- "네. 질문해 주셔서 감사합니다. 지금 덧붙여 말씀드리겠습니다."
- "네. 그렇게 생각하실 수도 있겠습니다. 다만, 저는 이렇게 생각합니다."
- "그렇지요, 그런 시각도 있겠군요. 하지만 저는 조금 다르게 생각합니다."
- "맞습니다. 그 부분은 매우 좋은 지적입니다. 그럼에도 불구하고 저의 의견은"

상대방의 의견을 인정한 뒤, 당신의 의견을 관철하기 위한 쿠션 문장을 하나 더 넣는 것이다. 그리고 너무 길게 답하지 않는 것도 방법이다. 누구나 오래 말하는 걸 좋아하지 않는다. 다음 질문으로 이어지도록 하는 것은 대답하는 이에게 달렸으며, 질문이 어퍼컷을

날려오더라도 당신은 푹신한 쿠션으로 받아내 상황을 환기시켜야 한다. 노련한 한 문장이 내공 있는 말하기를 만들어 줄 것이다.

물론, 이 방법은 커뮤니케이션 상황에서 긴장을 완화시키는 작은 기술 중 하나일 뿐이다. 그럼에도 불구하고 많은 사람이 이 방법으로 어렵고 진땀나는 상황을 반전시키는 열쇠로 사용하고 있음을 잊지 말자. 서로 눈빛과 제스처를 주고받기 힘든 비대면 상황에서는 유용한 기술이기도 하다.

06

Image_ 보이는 모든 게 브랜딩이다

워런 버핏이 연례 회의 때 책상 위에 둔 것은?

시각적인 요소는 이미지를 결정하는 데 많은 부분을 차지한다. 특히 온라인에서는 화면 앞에 선 사람은 물론, 화면에 비춰지는 모든 것이 이미지 브랜딩이다.

얼마 전, 패션 전문 매거진 〈보그〉의 편집장 안나 윈투어의 화상회의 사진이 화제가 되었다. 상의는 붉은색 니트로 상황에 맞춰 세련되게 입었지만, 하의는 편한 트랙 팬츠를 입었기 때문이다. 화면의 보이는 부분에 맞춰 이미지 브랜딩을 한 안나 윈투어의 모습이었다.

또한, 워런 버핏은 온라인으로 진행한 연례 주주총회에서 테이블 위에 코카콜라와 시스 캔디를 올려 두어 주목 받았다. 코카콜라와 시스 캔디는 워런 버핏이 최대 주주로 있는 기업의 제품이다. 일종의 광고성 브랜딩으로, 우리나라의 서바이벌 오디션 프로그램 등에서 자주 보이는 장면이기도 하다.

이렇게 이미지 브랜딩의 세계는 광범위하며, 이제는 개인의 비대면·온라인 상황에서도 사용되는 추세이다.

간혹, 상대방에게 어떠한 정보도 알리고 싶지 않을 때를 위해 배경을 크로마키로 처리하는 사람도 있다. 아직까지 어색한 기법이기는 하지만, 웹엑스와 같은 화상 회의 툴은 집중력을 떨어뜨리는 배경 요소를 제거하기 위해 배경 옵션을 설정하거나 다른 이미지로 대체할 수 있도록 하고 있으며, 미팅 참여 전이나 미팅 시 아무 때나 변경할 수 있다.

어떤 색 옷을 입을까?

기본적으로는 자신의 피부색, 체형, 취향, 업무에 따라 색을 선택하면 된다. 그러나 온라인 환경에서는 화면에서 의상과 배경이 자연스러워 보이는 게 중요하다. 온라인 소통에서 의상 선택 시 주의할 점은 무엇일까?

첫째, 특별한 경우가 아니라면 형광색, 채도와 명도가 높은 붉은색은 피하자. 접속자가 많아 나를 비추는 화면 그리드가 작다면 어느 정도 이해할 수 있지만, 이런 의상은 나를 비추는 화면이 고정되는 시간이 늘어날수록, 일대일 접속 빈도가 잦을수록, 화면의 그리드가 클수록 눈을 피로도를 증가시킨다. 둘째, 배경의 벽면과 같은 계열의 색은 피하자. 흰 배경에 흰 블라우스나 흰 티셔츠 차림은 대면 상황일 때는 괜찮지만 비대면 상황에서는 일체형으로 보이기 십상이다. 특별한 장식이나 옷깃이 없는 옷일수록 그러하며, 얼굴이 부각되거나 얼굴만 화면에 둥둥 떠다니는 것처럼 보일 수 있다.

흰 배경이라면 상대적으로 짙은 색의 의상을 입자. 가장 좋은 것은 배경과 대비되는 색의 의상을 입는 것이다. 배경이 밝다면 짙은 컬러의 의상을 선택하되 채도가 지나치게 높지 않은 의상을, 배경이 어둡다면 밝은 색의 의상을 입는 것도 좋다. 뉴스 앵커나 기상 캐스터, 홈쇼핑 호스트들의 의상을 참고하는 것도 방법이다.

화상 면접에서 배경도 참고한 면접관

2020년 국민은행, 신한은행, SK텔레콤 등에서는 서류 대신 AI 역량 검사를 위해 화상 면접을 실시했다. 이에 취업 준비생들은 면접을 보는 동안 집의 일부가 보이는 게 신경 쓰여 스터디룸이나 시간제로 공간을 대여하는 카페를 부랴부랴 빌렸다고 한다. 안 그래도 힘든 시기에 취업을 위한 준비가 늘어난 것 같아 안타까웠다.

집 안에 화상으로 연결할 공간이 마땅치 않다면, 아예 네트워크와 화상 회의 장비를 갖춘 시간제 예약 공간을 사용하는 것을 추천한다. 단, 디데이에 첫 방문은 모험이다. 반드시 미리 방문해 적절한 환경인지 알아보자. 주변에 공사장의 소음으로 소중한 기회를 잃은 사람도 보았다. 변수가 많은 시기에 면접 볼 장소까지 직접 섭외해야 하는 상황이 녹록치는 않을 것이다. 비단 취업 준비생만의 문제가 아니다. 지금은 직장인도 홈 오피스를 갖추기 위해 노력하고 있다. 전자상거래 업체 위메프는, 천 가림막과 간이 칸막이, 화상 회의에 필요한 도구의 판매가 급격히 늘었으며, 천 가림막의 경우 무려 704%나 매출이 상승했다고 밝혔다.

어떤 기업에서 화상 면접 중 지원자에게 가장 기억에 남는 책에 대해 물었다. 그리고 지원자는 질문에 충실히 답했다. 이어 면접관은 ○○ 책은 어떠했느냐 추가 질문을 했고, 지원자는 "아직 그 책은 접해 보지 않았습니다. 서점에서 구입해 읽어 보겠습니다."라고 답했다. 그런데 화면 너머 면접관의 표정이 어두워졌다. 지원자의 배경으로 보이는 책장에 해당 책이 꽂혀 있었기 때문이다. 이렇게 화면에 비춰지는 모든 것이 당신에 대한 정보가 된다. 자신이 없다면, 그릇된 판단을 할 수 있는 소품이 있다면, 어떠한 정보도 주고 싶지 않다면 깨끗한 벽이 가장 좋은 공간이며, 특별한 이미지를 만들고 싶다면 이를 위한 공간을 마련해 브랜딩하는 게 좋다.

의자 위치만 바꾸면 홈 오피스 변신 가능

그간 대학 특강과 스타트업 투자 유치를 위한 프레젠테이션을 비대면으로 진행하면서 발견한 화면의 공통점이 있다. 집에서 참여한 이들 모두 방 전체가 훤히 보이는 구도였다는 것이다. 평소에 쓰던 책상의 위치 그대로이기 때문이다. 보통 책상은 사용자의 집중도를 위해 벽이나 책장 쪽을 바라보게 배치하는데, 비대면 환경으로 카메라를 통해 접속할 경우에는 배경이 어수선해 보일 수 있다. 이럴 때는 앉는 위치만 바꿔도 배경에 신경을 덜 쓸 수 있다.

가장 좋은 배치는 벽을 등지고 앉는 것이다. 이때 벽에는 아무것도 없는 게 가장 좋다. 화면에 비춰지는 배경은 깨끗해야 한다.

시연이 있다면 반드시 사전 연습을 하라

기업의 신제품을 발표하는 행사가 있었다. 비대면 생중계였고, 현장에는 최소한의 인원만 대면하는 방식이었다. 그런데 신제품 시연에 문제가 생겼다. 네트워크 오류로 자꾸만 화면이 끊긴 것이다. 결국 대표는 말하기를 포기하고 신제품의 성과와 기존 제품과의 차이점을 간단히 요약하는 걸로 행사를 마무리했다. 그 자리에 참석한 귀빈과 온라인으로 시청 중인 참석자들은 크게 실망했고, 사회자였던 나는 진땀을 흘려야 했다. 그래서 2차 신제품 발표회에서는 모험보다 안전을 선택해 시연 순서를 완전히 생략하고, 대표가 신제품을 브리핑하는 걸로 대체했다. 엉망이 되어 마스크를 쓴 채 가쁜 숨만 쉬던 대표는 2차 발표회에서 한결 부드럽고 매끄럽게 발표를 마쳤다. 실전이었던 1차 발표회는 혹독한 리허설이 되어 버린 꼴이다. 시연이 있다면 반드시 리허설을 통해 테스트하자. 설명을 위해 리포트를 수정하며 개인의 역량을 끌어올릴 수도 있지만, 완벽한 비대면·온라인 행사를 위해서는 방송 송출 상태와 카메라 각도, 마이크 테스트, 네트워크 오류 등을 체크해야만 한다.

07

Listen_
결국, 잘 듣는 사람이 승리한다

"듣기는 읽기와 마찬가지로 기본적으로 눈과 귀가 아니라 정신이 하는 활동이다. 정신이 이 과정에 적극적으로 개입하지 않는다면 듣기(Listening)가 아니라 흘려듣기(Hearing), 읽기(Reading)가 아니라, 보기(seeing)라고 부르는 것이 마땅하다."

모티머 애들러(Mortimer J. Adler)

제대로 듣기는 생각보다 어렵다

몇 년 전에 한 연수원에서 신입 직원을 대상으로 커뮤니케이션에 대해 강의한 적이 있다. 그때 나는 말보다 듣기를 잘하는 법에 대해 의견을 나누고 실습하는 시간을 마련해, 강의 중간 중간에 최근의 날씨에 대해 간단히 언급하고 눈이 오는 지역과 눈이 오지 않는 지역을 구분해 예보한 일기예보 한 꼭지를 시청각 자료로 틀었다. 듣는 모습은, 예의상 화면에 집중하는 사람, 집중하는 척하는 사람, 들으며 메모하는 사람, 아예 의자를 빼고 편하게 앉아 휴식을 취하는 사람 등 다양했다. 그렇게 1분 정도가 흐른 뒤, 나는 돌발 퀴즈를 냈다!

"방금 보신 날씨 정보의 내용이 어제와 잘 맞았던 것 같죠? 잠시 퀴즈를 하나 드리겠습니다. 조금 전 기상 캐스터가 언급한 날씨를 맞혀 보시겠어요?" 그러자 교육생 몇 명이 큰 소리로 외쳤다. "눈이 오기도 하고 안 오기도 한대요!", "네! 맞습니다. 그렇게 예보했죠. 지금까지는 연습 문제였고요. 지금부터 진짜 퀴즈를 드리겠습니다. 눈이 가장 많이 온다고 한 지역은 어디일까요?" 강의실에 있던 70명의 교육생 중 반 이상이 정답을 맞혔다. "네. 잘 들으셨네요. 그럼 다음 문제입니다. 눈이 가장 많이 오는 지역의 예상 적설량이 어느 정도라고 했나요?" 이번에는 정답을 말한 사람 중 1/3 정도가 얼버무리며 비슷한 숫자를 말했다. 첫 번째 퀴즈처럼 당당하게 말하는 사람은 없었다. "평가에 반영되지 않으니, 편안하게 말씀하셔도 좋아요. 이쯤 되면 제가 방금 날씨 정보를 왜 들려 드렸을까 눈치채셨을까요? 맞습니다. 우리는 생각보다 주의 깊게 듣지 않아요. 관심이 없거나, 반드시 들어야 하는 정보가 아니라면 더 그렇겠지요. 자, 마지막 퀴즈 드릴게요. 이 퀴즈에 정답을 맞히는 분은 식사 후 제가 맛있는 커피를 사 드리겠습니다." 눈이 반짝반짝해지며 관심을 갖는 교육생이 조금 늘었다. "방금 보신 일기예보에서 눈이 오는 지역은 모두 어디어디였을까요? 그리고 눈은 언제까지 온다고 했을까요? 커피가 걸려 있기 때문에 두 가지 다 맞히셔야 합니다." 잠시 침묵이 이어졌다. 나는 강의실을 빙 둘러보며 다시 물었다. "대답하실 분, 안 계십니까?" 그때 한 교육생이 메모지를 만지작거리며 조심스럽게 손을 들었다. "제가 말씀드려도 될까요? 정확한지는 모르겠는데… A, B, C 지역에 눈이 온다고 했고요. 그중 C 지역은 내일까지, A와 B 지역은 오늘까지 온다고 말한 것 같습니다." 나는 입꼬리가 올라가며 미소가 지어졌다. "정답입니다! 식사 후에 저랑 커피 한잔하시죠. 제일 맛있는 커피로 사 드리겠습니다." 그러자 교육생들은 일제히 "오~~~" 하며 감탄사를 내뱉었다.

70명의 교육생이 모두 맞혔다면 커피값이 꽤 나갔겠지만, 사실 나는 맞히는 사람이 별로 없을 것을 알고 있었다. 사람들은 제대로 듣지 않는다. 특히 나와 관련이 없는 정보라면 더욱 말이다. 물론, 정답을 맞힌 사람이 한 명 밖에 없어서 놀라기도 했다. 정답을 맞힌 교육생과 커피를 마시며 물었다.

"선생님, 제가 퀴즈를 낼 것을 예상하고 계셨나요?"

"아니요. 전혀요."

"메모하며 들으시는 것 같던데, 맞나요?"

"네. 맞습니다."

"제가 아무 말 없이 일기예보를 틀었는데, 어떻게 메모할 생각을 하셨어요? 놀랍네요. 잘 들어 주셔서 감사하고요."

"제가 원래 듣기가 좀 부족합니다. 예전에 중요한 정보를 놓쳐서 곤혹스러운 적이 있어서요. 그 뒤로는 메모하는 습관이 생겼어요. 특히 숫자가 나오면 무의식적으로 적는 버릇도 있어요."

"와! 그러셨군요. 좋은 습관이 오늘 커피를 만들었네요."

웃으며 커피 타임을 갖고, 나는 경청에 관련한 강의를 할 때마다 그 분의 이야기를 하게 되었다. 커뮤니케이션을 말하기, 듣기, 공감하기로 나눈다면, 이 중 절반 이상을 '듣기'가 차지한다. 그런데 대부분의 사람이 잘 듣지 않는다. 메모하며 듣는 게 필요한 이유이다. 늘 메모하는 게 어려우면, 키워드 정도만이라도 습관적으로 메모하면 좋겠다. 온라인 회의라면 더욱 필요한 습관이다.

작년 초, 다양한 비대면 회의를 목격했다. 줌으로 진행하면서 자신의 목소리가 잘 들리지 않으니 상대방의 말을 끊고 동시에 말하는 사람, 타인의 말을 소음으로 들었다는 사람, 소통이 힘들다는 이유로 할 말을 문서로 간단히 적어서 공유한 뒤 온라인으로는 의사결정만 간단히 하는 사람, 할 말을 녹음 파일로 미리 만들어 실시간 온라인 회의에서 들려 주고 의사결정을 하게 하는 사람 등 정말 다양했다. 그래도 어찌 되었든, 사람들은 저마다의 노력으로 개선된 회의 능력을 보여 주고 있다. 실제로 상대방의 말을 끊는 사람은 전체적으로 크게 줄었다. C 국립대학교의 경우에는 온라인 회의를 통해 대면 회의 시 이루어지던 소모적인 논쟁이 줄었다고 밝히며, '오디오가 겹치는 상황'이 발생할수록 회의 시간이 길어지는 걸 인지하고 나서는 온라인 회의를 적극적으로 사용하게 되었다고 했다. 모두 각고의 노력을 한 결과일 것이다.

눈과 귀는 서로 경쟁하는 감각 기관이다. 상대방을 집중해서 듣게 하려면, 화면에 이미지 중심의 슬라이드 자료를 공유하는 정도의 정성을 들여야 효과적이다. 비단 회의뿐이 아니라, 비대면 행사나 강연을 진행하는 사회자로서 내가 느끼는 점이라면, 아무리 유명한 인사가 강연하고, 강연자의 발음이 좋고, 전달력이 우수해도 듣는 이 중 '질문 자체를 듣지 않는 사람, 처음부터 접속하고 있었음에도 불구하고 앞서 나온 질문을 또다시 하는 사람'이 왕왕 있다는 것이다. 비대면 상황에는 오디오만 연결하는 경우도 있고, 오디오와 비디오를 모두 연결하는 상황도 있다. 듣지 않는 사람은 오디오 상황일 때 더 문제가 생긴다. 방송에서 오디오 감독들이 가장 피하고 싶어 하는 사람이 바로 '오디오가 겹치는' 출연진이다. 누군가가 말하고 있는데, 동시에 말하거나 계속 말을 겹쳐서 끊는 사람 말이다. 생방송이라면 말의 뜻이 정확하게 전달되지 않으며, 녹화라면 편집이 어렵다.

지금껏 인터뷰한 사람들이 비대면 상황에 가장 눈살을 찌푸리게 되는 경우로 꼽은 것이 '듣지 않고 말하는 사람'이었다. 비대면 특성상 참여자의 얼굴을 일일이 클로즈업할 수도 없고, 모두 마스크를 쓰고 있으니 분별도 어려운데, 제대로 듣지 않아 상대방과 겹치게 말을 하고, 말의 흐름을 끊는 사람은 환영 받을 수 없다. 이런 식으로 회의가 엉망이 되면, 회의 후 저장된 영상을 일일이 되돌려 봐야 하는 상황도 생긴다. 모두 회의 시간에 '듣기'를 잘했다면, 불필요한 상황이다.

말하기보다 중요한 듣기

'듣기의 부재'는 일상생활은 물론 듣기 위한 자리에서도 종종 발생한다. 방송인으로서 마이크를 잡은 지 20여 년이 되어 간다. 2010년부터 꾸준히 북 콘서트와 저자 강연회, 인문학 강연 등을 비롯해 비대면 진행 행사까지 200회 가까운 행사를 진행했다.

최근 기억에 남는 행사는 2017~2019년 사이에 격주로 같은 장소에서 진행한 인문학 강연이다. 행사의 주최는 같지만 주제에 따라 연사가 바뀌는 형태였는데, 자주 참여하는 청중은 1/4 정도, 처음 참석한 청중은 3/4 정도로 유지되는 강연이었다. 기억에 남는 건 두 가지 경우이다. 하나는 연사의 강연 자체가 매우 좋았을 경우, 하나는 청중의 질문 때문에 진땀을 뺀 경우이다. 대부분의 청중은 강연을 잘 듣고, 강연 후에 강의의 내용을 더 풍성하게 하는 질문이나 예리한 질문으로 강연의 품격을 높인다. 그러나 가끔 '정말 강의의 내용을 듣지 못해서 하는 질문'으로 사회자인 나까지 아찔하게 하는 청중이 있다. 이런 경우, 사회자인 나도 살짝 조급해질 뿐더러, 강연자도 내용을 다시 설명해야 하는 부담감과 수많은 청중의 눈빛을 감당해야 하는 상황에 놓이게 된다. 질의응답 시간이야말로, 누가 어떤 질문을 해 올지 모르는 강연에서 가장 난이도가 높은 시간이기도 하다. 이런 일이 반복되자, 결국 질문을 미리 받아 강연 내용을 확장할 질문을 고르고, 강연 내용과 상관없는 없는 질문을 제외해 진행하는 방법으로 바꾸었다.

간혹, 사회자는 무대에서 내려오면 쉬고, 짧은 멘트로 진행만 하니 쉽다고 생각하는 사람도 있다. 그러나 사회자는 강연자를 소개한 후 무대 아래에서 강의를 경청하며 내용을 파악하는 데에 심혈을 기울인다. 그러지 않고는 강연 후에 이어질 질의응답의 흐름을 놓칠 수 있기 때문이다. 사회자에게 '듣기 능력'은 내가 말을 잘하기 위해, 상대방이 말을 잘하도록 이끌어 내기 위해, 좋은 질문을 선별하기 위해 필요한 역량이다. 나에게 수많은 강연을 진행한 경험은 '듣기'를 제대로 배우고 익히기 위한 시간이었다. 누군가 사회자를 추천해 달라고 하면, 말을 잘하는 사람보다 잘 듣는 사람을 추천하고 싶다.

클럽하우스와 모더레이터

최근 음성을 기반으로 한 SNS인 '클럽하우스'가 인기다. 클럽하우스는 특정 주제로 방을 열고 초대장을 받은 사람들이 모여 문자와 영상을 제외하고 음성으로만 대화하는 플랫폼으로, 가볍게 토론하는 형식으로 진행된다. 전문가들은 클럽하우스를 창업 1년이 채 되지 않아 유니콘(기업 가치 10억 달러 이상, 창업 10년 이하 비상장 스타트업)의 지위에 오를 것으로 내다보고 있으며, 실제로 2020년 3월에 서비스 출시 후 두 달 만에 1,200만 달러의 시리즈A 투자를 유치했고, 올해 1월에는 1억 달러의 시리즈B 펀딩에도 성공했다. 약 9개월 만에 투자 규모가 10배나 늘어난 셈이다.

그렇다면 페이스북과 인스타그램, 틱톡과 같은 SNS 과잉의 시대에 단지 음성만으로 소통하는 클럽하우스는 어떤 이유로 단시간 내에 사람들의 관심을 받게 되었을까? 클럽하우스 내에는 세 가지 역할이 존재한다. 스피커(Speaker), 리스너(Listener), 모더레이터(Moderator)로 참여자가 개설된 방의 주제에 따라 어떤 역할이든 선택해 활동할 수 있다. 또한, 클럽하우스는 오직 목소리로만 소통 - 때에 따라 음 소거 박수로 표현하기도 하지만- 할 수 있기 때문에 대화가 종료되면 나누었던 이야기가 저장되지 않는다는 특징이 있다. 즉, 접속한 시간에 집중해야 한다.

클럽하우스를 처음 이용하는 사용자들은 주로 여러 방을 둘러

보며 주로 리스너로 참여를 시작한다. 그러다가 '손 들기' 기능을 이용해 질문을 하고, 발언권을 얻어 스피커가 되기도 한다. 어떤 이들은 이러한 환경을 보며 '말 잘하기'에 대한 수요가 늘어날 것으로 보는데, 나는 반대로 '잘 듣는 능력'이 중요해질 거라 예상한다.

기존 SNS는 어떤 메시지를 전하는 송신자와 메시지를 받는 수신자만 존재했다. 그 메시지는 텍스트일 수도, 사진이나 영상일 수도 있다. 이와 달리 클럽하우스는 기존에 없는 역할인 '모더레이터'가 추가되어 있다. 모더레이터는 분쟁의 조정자, 토론의 사회자라는 뜻을 가진 단어로 클럽하우스에서는 방을 개설해 말이 토론의 주제에서 벗어나지 않게 하는 역할을 한다. 그렇다면 클럽하우스는 왜 다른 SNS에는 없는 모더레이터라는 역할을 만들었을까.

오로지 목소리로만 소통하는 상황, 자료가 남지 않는 상황에서는 반드시 집중해 들어야 한다. 그렇지 않으면 굳이 힘들게 가입해서 참여하는 의미도 사라지고, 이야기의 흐름을 따라갈 수도 없다. 이러한 환경에서 모더레이터는 이야기의 흐름을 정리하고, 주제를 명확하게 하는 기능을 한다. 방송사의 시사 토론이나 쟁점 토론을 보면 패널의 언변과 논리력도 중요하지만, 사회자의 진행 능력에 따라 토론의 흐름이 달라지는 걸 볼 수 있다. 사회자는 적절한 순간에 길어지는 말을 자를 수 있어야 하고, 패널이 엉뚱한 답변을 했을 때 답변의 범위를 잡아 주어야 하며, 너무 감정적인 말들만 오가면 즉시 정리해 주어야 한다. 그리고 사회자는 이런 역할을 돋보이지 않게 해야 한다. 사회자 또는 모더레이터가 이런 역할을 잘 하려면 토론의 주제에 맞춰 양 쪽의 의견을 잘 '들어야' 한다. 그야말로 누구나 할 수 있어도 아무나 할 수 없는 어려운 역할이다.

얼굴을 마주하거나 영상이나 화면으로 메시지를 확인할 수 있다면 상대의 비언어적 표현(표정, 제스처, 자세 등)으로 미루어 맥락을 짚어 낼 수 있지만, 클럽하우스에는 오직 '목소리'만 있다. 그래서 모더레이터의 역할이 중요하게 여겨진다. 실제로 클럽하우스를 이용해 보면, 청각 정보에 의존해 소통할 때 '중재자'의 역할이 얼마나 중요한지 알게 될 것이다. 물론, 단순한 방의 개설자, 발언권 수락 등의 기본 역할만 하는 모더레이터도 있지만, 폭발적인 관심과 투자를 통해 건실한 토론의 장으로 유지되고 성장하려면 리스너보다 더 잘 들을 줄 아는 모더레이터의 역할을 할 수 있는 사람이 많아져야 할 것이다.

물론, 클럽하우스가 애초에 이러한 환경을 생각하고 모더레이터 기능을 넣은 건 아니다. 단순하게 내실 없는 방이 우후죽순 개설되는 것을 경계해 만든 역할일 것이다. 그러나 모더레이터의 역할에 대해 한 번쯤 되새겨 본다면, 특정 주제에 관련한 말하기의 장을 여는 책임이 무겁다는 것을 알리고 싶었을 지도 모르겠다. 클럽하우스의 앞으로의 성장이 기대된다.

듣기는 몰입과 정보 획득의 지름길

'귀 기울이다'라는 말이 있다. '기울인다'라는 말은 눈, 코, 입에는 쓰지 않고 오직 귀에만 붙이는 동사로, '정성과 마음, 노력을 들이다'라는 의미를 갖고 있다. 듣는 일에 정성과 노력이 필요한 것을 선조들도 알고 있던 것이다.

모티머 애들러는 그의 저서 《교양인을 위한 대화와 설득의 기술》에서 '언어를 사용한 네 가지 소통 방식인 쓰기, 읽기, 말하기, 듣기 가운데 듣기는 잘 수행되는 경우가 드물다'고 말했다. 또한 소통의 네 가지 기술 중 가장 먼저 배우고 발달하는 게 듣기임에도 교육 과정 중 가장 덜 배우는 것 또한 듣기라고 지적했다. 우리나라 대학수학능력시험에서도 언어 영역과 외국어 영역의 듣기 평가 문항은 다른 영역에 비에 턱없이 적게 출제된다. 그래서 남의 말을 듣는 것이 어렵고 힘든 것일까.

대부분의 소통 문제는 '잘 듣지 않아서' 생기는 오해에서 시작된다. 일본의 정신과 의사 다카하시 가즈미는 그의 저서 《정신과 의사에게 배우는 듣기의 기술》에서 '간단한 듯해도 지극히 어려운 것이 가만히 듣기'라고 강조했다. 그는 가만히 듣는 게 심리 상담 시 가장 어려운 기술이라고 언급하며, 내담자를 상담할 때 처음에는 가만히 듣고, 다음에는 동조하며 들으라고 한다. 이유는 가만히 듣는 것을 잘할 수 없으면 깊은 수준의 심리 상담을 진행하기 어렵기 때문이다.

그리고 상담사는 가만히 듣는 능력을 갖추고, 절대 내담자의 말에 끼어들지 않기, 질문하지 않기, 조언하지 않기를 행하라고 했다.

실제로 심리 상담에 있어서 내담자의 이야기에 끼어들면 이야기의 방향이 바뀌는 경우가 많으므로 상담사는 충분하게 잘 들어야 한다. 이후 저자는 듣는 기술의 단계를 '가만히 듣기, 동조하며 듣기, 감정을 듣기, 갈등을 듣기'로 나누어 소개했다. 일상적인 대화나 소통이 막히는 경우 이 책을 읽어보시기를 추천한다. 철저하게 듣는 입장이 되어 소통 문제의 실마리를 풀 수 있을 것이다.

비대면 커뮤니케이션에서는 이처럼 상담자의 듣기 첫 단계처럼 '가만히 듣기'를 해야 하는 경우가 많다. 대부분의 일방적인 이론식 교육이나 강연이 그렇다. 가만히 듣기에 연습이 필요한 이유이다.

08

Log-in manner_ 이메일과 메신저 에티켓은 기본 중의 기본이다

이메일 매너가 필요하다

재택근무가 보편화되면서 직접 만나 진행해야 했던 많은 '업무'를 비대면 소통 도구로 진행하게 되었다. 그 때문에 이메일함은 넘쳐날 지경이다. 아마 하루에 발생하는 코로나19 확진자보다 더 많은 수의 메일이 오갔을 것이다. 그런데 이메일이 보편화된 지 20년이 넘었음에도 여전히 발신자가 보내오는 형식은 제각각이다. 어떤 메일은 직접 만난 것처럼 선명하고 명확한 메시지를 전하는가 하면, 어떤 메일은 발신자가 누구인지 재차 확인해야 하는 메일도 있다. 심지어 메일만으로는 내용을 이해하기 어렵거나, 오해의 소지가 있어 전화나 화상 연결로 내용을 재확인해야 하는 경우도 있다. 이메일을 자주 쓰지만, 여전히 기본적인 이메일 매너가 갖춰지지 않은 경우를 많이 본다. 메신저도 마찬가지이다. 비즈니스에서의 메신저는 이메일의 연장선으로, 즉시성과 수시 확인이라는 편리함이 추가된 기능으로 볼 수 있다. 그런데도 이모티콘을 남발하거나, 정리하지 않아 가독성이 떨어지는 글을 올리는 것은 에티넷의 결여이다. 위드 코로나 시대, 비대면 소통이 일상화한 시대에 비즈니스에서의 이메일 매너, 메신저 매너를 갖추었으면 한다. 다음은 비즈니스 이메일, 메신저 쓰기의 기본 사항이다.

이메일 매너

- 보내기 전 발신인을 정확히 한다. 알 수 없는 닉네임은 쓰지 않는다.
- 수신인에게 처음 보내는 메일이라면 주소록에 메일을 등록한 후 보낸다. 수신인란에 메일 주소만 덩그러니 표기되는 게 아니라, 수신인의 이름과 직함이 주소록에 등록되도록 하자.
- 최소 하루 이내에 회신하는 것이 원칙이다. 내용에 따라 다르지만, 회신이 늦어질 경우 간단한 메시지로 회신이 늦어질 수 있음을 미리 알리자.
- 메일 하단에 명함의 이미지나 수신용 연락처를 기재한다.
- 제목은 내용의 예고편이다. 알기 쉽게 작성하자.

예)

- 안녕하세요. ○○부 ○○○입니다.(X)
- [입찰제안건] 3/1까지 추가 서류 요청_○○부 ○○○입니다.(O)

메신저 매너

- 짧게 간추려 가독성 있게 쓴다.
- 한 문장에 쓸 내용을 여러 번 나눠 보내지 않는다.
- 모두가 알아야 할 내용이라면, 공지로 설정하거나 톡 게시판을 적극 활용한다.
- 이모티콘을 남발하지 않는다.

비대면 커뮤니케이션을 잘하기 위해 너무 많은 기술이 요구되는 것처럼 느껴질 수 있다. '이렇게 챙길 게 많다니.'라며 한숨이 나올 것이다. 그러나 모두 코로나19 이후 한 해 동안 많은 곳에서 벌어진 일이다. 나는 이러한 사례를 통해 이 책을 집어든 여러분이 시행착오를 줄여 나갔으면 하는 바람이 있다.

마지막으로 바오밥 나무 이야기를 하고 싶다. 사실 바오밥 나무는 창조 당시, 지금처럼 뿌리가 거꾸로 자라는 것 같은 기이한 모습이 아닌, 아주 튼튼하고 멋진 나무였다. 그러나 바오밥 나무는 신께 많은 것을 요구했다. 오래 살게 해 달라, 열매를 많이 맺게 해 달라고 말이다. 처음에는 신도 너그럽게 들어주었지만, 이내 지금처럼 못생긴 모습으로 변하게 했다. 비대면 커뮤니케이션도 마찬가지이다. 한번에 완벽해지려 하기 보다, 잘하는 것을 유지하는 데에 집중하자. 나는 여러분이 이 책을 통해 하나씩 발전하기를 바란다.

부록

ONTACT
비대면
말하기
수 업

비대면 커뮤니케이션 유형 TEST

＊ 다음은 비대면 커뮤니케이션 적응도에 대한 테스트이다. 당신의 비대면 말하기 능력의 수준을 알아보고 개선점을 찾아보자.

START

온라인 커뮤니케이션 경험이 있다.

YES →

온라인 커뮤니케이션을 위해 반드시 사전 준비를 한다.

YES →

사전에 준비한대로 온라인 커뮤니케이션이 잘 진행되었다.

YES →

당신은 물 만난

돌고래!

당신의 시대가 왔어요. 유유히 헤엄치며 다양한 온라인 소통을 이어가세요.

NO ↓ NO ↓ NO ↓

온라인 커뮤니케이션에 약간의 두려움이 있다.

NO →

웹캠, 마이크를 사용하는 데 비교적 어려움이 없는 편이다.

YES →

말할 때 내 시선이 불안정하다는 지적 받거나 스스로 그렇다고 느낀 적이 있다.

NO →

온라인에서 말하는 속도가 자주빨라지거나 발언 시간을 잘 맞추지 못하는 편이다.

YES ↓ NO ↓ YES ↓ YES NO ↓

당신은 고독한

늑대!

앞으로 비대면 소통이 더 늘어나는 시대가 옵니다. 조금씩 마음을 열고 익숙해지기 위해 노력하세요. 이 책을 정독하시면 길이 보일 것입니다!

당신은 아직 연습이 많이 필요한

아기 곰!

온라인 소통의 기본인 카메라와 마이크와 친해지세요. 이 책의 58쪽을 참고하세요.

마이크를 사용해서 말하는 것이 아직 어색하고 쑥스럽다.

NO →

YES ↓

당신은 수줍음 많은

두더지!

비디오를 끄고, 오디오 기능만 사용한 툴로 비대면 커뮤니케이션 활용 빈도를 늘려보세요. 이 책의 66쪽을 살펴보세요.

당신은 경험이 부족한

원숭이!

온라인 환경이나 도구가 아닌 말할 내용에 대한 숙지가 부족한 것은 아닐까요? 말하는 이와 듣는 이의 흐름도 중요하고요. 이 책의 88쪽을 읽어 보세요!

비대면 커뮤니케이션 체크리스트

* 다음은 온라인 커뮤니케이션 시 확인해야 할 체크리스트이다. 촬영 전반에 있어서 점검해야 할 기본 항목이므로 꼼꼼히 체크하고 역량을 키우길 바란다.

단계	세부 내용		확인
촬영 전	1	화면에 노출되는 공간을 정돈하였는가? (집 vs 사무실 vs 스튜디오)	
	2	적당한 조명을 준비하였는가? (별도 조명 vs 실내 형광등 vs 스탠드)	
	3	마이크를 사용하는가? (PC, 노트북 자체 마이크 vs 핀마이크 vs 탁상용 마이크)	
	4	웹캠의 각도와 시선 범위가 적당한가? (서 있는 자세 vs 앉아 있는 자세)	
	5	적합한 복장을 갖추었는가? (배경과 동일한 옷 색깔 피하기)	
	6	사용할 비대면 소통 도구(줌, 구글밋, 웹엑스 등)의 사용법을 숙지했는가?	
	7	링크 접속인 경우, 미리 해당 URL을 바탕화면 메모장에 복사해 두었는가?	
	8	공유할 자료를 바탕화면 파일로 빼 놓았는가?	
	9	접속한 PC 환경의 설정을 확인하였는가? (업데이트, 화면 알림 끄기)	
	10	비대면 소통이 진행되는 동안 불필요한 소음이 나지 않도록 방지했는가?	

촬영 중	11	비디오 켜기, 끄기 기능을 확인하였는가?	
	12	오디오 켜기, 끄기 기능을 확인하였는가?	
	13	비디오 화면 기능을 사용할 때 말하는 상황에 맞게 표정을 지었는가?	
	14	오디오를 사용할 때, 말이 빨라지지 않도록 주의하였는가?	
	15	손 동작을 할 때 화면 앵글을 벗어나지 않도록 주의하였는가?	
촬영 후	16	녹화된 파일을 모니터링 할 수 있도록 저장하였는가?	
	17	녹화된 파일(영상, 음성)을 확인해 개선점을 찾았는가?	
	18	촬영(접속) 중 첫인사와 끝인사를 명확하게 하였는가?	
	19	참여한 사람들과 원활한 소통이 이뤄졌는가?	
	20	다음 비대면 커뮤니케이션을 위한 일정을 확인했는가?	

에필로그

이 책이 필요 없길 바라면서 썼다면 믿어 주실 분이 계실까. 나는 적어도 비대면 커뮤니케이션이, 코로나19와 같은 감염병 때문에 필수인 시대는 사라지길 바란다. 비대면 환경에 노출된 지 한 해를 훌쩍 넘겼다. 그럼에도 불구하고 커뮤니케이션에 관한 도서가 많이 출간되지 않는 걸 보면 비대면 커뮤니케이션이 현재 진행형이고, 단정지을 수 없는 부분이기 때문일 것이다. 용기 있게 이러한 어려운 주제로 책을 쓸 수 있던 것은 감사한 분들 덕분이다. 기관과 기업, 대학의 많은 분이 시행착오와 노하우 관련한 이야기를 아낌 없이 내어 주셨다. 다시 한번 진심으로 감사드린다. 특히 비대면 커뮤니케이션 기술의 필요성을 누구보다 공감하고 추천사로 힘을 실어주신 강원국 작가님과 한국생산성본부 이승희 센터장님, 안현모 동시통역사에게 감사를 전한다. 특히 이 책을 쓰는 내내 많은 영감과 조언을 준 사랑하는 남편 주우영 씨와 가족들에게 감사드린다.

이 책에 등장하는 모든 인터뷰와 사례는 비대면 방식으로 소통하며 얻었다. 알던 분을 인터뷰하기도 하고, 모르는 분을 섭외해 인터뷰하기도 했다. 나에게도 새로운 경험이었다. 그리고 온라인을 통한 설문과 자료 조사, 인터뷰 제안이 이제는 낯설지 않은 분위기임을 알았다.

우리는 코로나19로 지독한 비대면 환경에 내몰렸고, 각자를 실험해 보았다. 아직은 서툴고 어색해도 의외로 편하다는 점, 잘 활용하면 더욱 편하게 일할 수 있다는 점을 알게 되었을 것이다. 이제 우리가 할 역할은, 비대면 커뮤니케이션에 대해 이해하고 시행착오를 줄이고, 효율을 높이는 것이다.

마지막으로 이 책의 마지막 장을 덮고, 비대면 커뮤니케이션을 잘하기 위해 노력해 주실 독자들께 감사하다. 모두 건강하고, 안전하게 코로나19 종식을 맞이하시길 기도한다.

강은하 올림

참고 문헌

논문

1. 〈간호대학생이 지각한 비대면(ON-LINE)수업의 내용 분석〉 김상남, 학습자중심교과교육연구 제 20권 제 17호 p.477-491
2. 〈구글밋과 연동한 구글 클래스 수업에 대한 학습자 인식〉 하명정, 문화와 융합 제 42권 10호
3. 〈뉴스 전달 속도가 수용자 인식에 미치는 연구〉 박경희, 성균관대학교 박사 논문, 2004
4. 〈대면-비대면 수업에 대한 학습자 반응을 통한 내용 분석〉 김종두, 에듀테인먼트연구
5. 〈대학에서의 효과적인 비대면 수업 운영을 위한 교수전략 탐색: 학습자 경험분석을 중심으로〉 임이랑·김주연·황지원·박다솜, 교육혁신연구 제 30권 제 4호 pp.23-54
6. 〈면대면 대 비대면 강의 만족도 비교: 코로나 19사태에서의 대학원 교양영어 수업사례 연구〉 최원경, 영어교과교육 제 19권 4호
7. 〈비대면 글쓰기 강좌의 운영 사례와 학습자의 반응-D대학의 사례를 중심으로〉 김도환, 국어문학 75, p.375-400
8. 〈비대면 학습과 소통을 위한 원격 화상 회의 도구 조사·분석〉 계보경, 강민아, 신효은, 2020. 한국교육학술정보원
9. 〈비대면 환경에서 '맞춤형 학습' 수업 운영 사례-캡스톤 디자인 중심수업 사례를 중심으로-〉 강란숙, 문화와 융합 제42권 10호
10. 화자 목소리의 높낮이와 빠르기가 청자의 메시지 이해도와 화자에 대한 신뢰도 및 호감도에 미치는 영향〉, 강은하, 경희대학교 언론정보대학원 석사학위논문, 2019.

도서

1. 《국어음성학》 이호영 저, 태학사, 2008
2. 《끌리는 얼굴은 무엇이 다른가》 데이비드 페렛 저, 엘도라도, 2014
3. 《나는 말하듯이 쓴다: 강원국의 말 잘하고 글 잘 쓰는 법》 강원국 저, 위즈덤하우스, 2020
4. 《대통령의 글쓰기》 강원국 저, 메디치, 2017
5. 《듣기형 인간》 이유빈 저, 비즈앤북, 2005
6. 《디스턴스: 원하는 것을 얻게 만드는 거리의 비밀》 이동우 저, 엘도라도, 2014
7. 《보디랭귀지 - 상대의 마음을 읽는 비결》 앨런 피즈·바바라 피즈 공저, 대교베텔스만,

2005
8. 《세상에서 가장 재미있는 61가지 심리실험 인간관계편》 이케가야 유지 저, 사람과 나무사이
9. 《심리학자가 알려주는 모든 기획자와 프리젠터가 알아야 할 사람에 대한 100가지 사실》 수잔 웨인쉥크 저, 위키북스, 2012
10. 《온라인 회의와 협업》 한병규 · 이병훈, 플랜비디자인, 2021
11. 《온택트, 어떻게 가르칠 것인가》 이수진 저, 비비투, 2020
12. 《최고의 아나운싱》 박경희 저, 프로네시스, 2011

연구 자료

1. '현대경제연구원 경제 주평 2021년 한국 경제의 10대 키워드 – WITH CORONA', 2021.01.06.
2. '한국사회과학조사(KMOS) 20-2.호' 충남대학교 아시아연구소
3. '코로나 시대! 색다른 복지 어디 없나요?' 강남구청 사례집

미디어

1. '2021년 1월 21일자 뉴스데스크에는 '왠지 더 피곤… 줌 스트레스 과학적 이유 있다' MBC, 2021.01.21
2. '2021년 국내 5G 스마트폰 사용자는 1600만 명' 조선비즈, 2020.11.20.
3. 'K-MOOC 신규 가입자 58% 증가… 코로나 여파' 베리타스알파 2021.01.27
4. '국민 95%가 스마트폰 사용… 보급률 1위 국가는?' KBS, 2019.2.11
5. '굳건하던 대학서열, 파괴의 시간이 왔다' 매일경제, 2021.01.28
6. '농협, 화상 회의시스템 이용 '비대면 신년 업무보고회' 개최' 라이브팜뉴스, 2021.01.12
7. '동영상만 틀어주니 자꾸 딴짓… 원격 수업도 쌤이 직접 해주세요' 동아일보, 2021.01.28
8. '말단사원부터 사장까지… 화상 회의 실험 나선 KT' 매일경제, 2021.1.19.
9. '언택트 채용이 대세… 삼성 · 현대차 · SK도 유튜브 설명회 · 화상면접' 한국경제, 2020.04.06.
10. '원격근무 열풍에 국내 웹캠 재고 바닥났다' ZDNet KOREA, 2020.3.30
11. '중기중앙회 비대면 신년회 성료… 채널 동시접속자 1300명 기록 ' 머니투데이, 2021.01.21
12. '천 가림막 · 칸막이… 화상 회의 필수 아이템 뜬다' ZD Net Korea, 2021.01.11.
13. '화상 회의 유상증자 통해 15억 달러 조달 계획' SBS BIZ 2021.01.13